CB035065

AUTO-OBSESSÃO

MARIO
MAS

SUMÁRIO

Prefácio - 06

Introdução - 08

Parte 1 - teoria - 11

01. Obsessão espiritual - 12
02. Definição de auto-obsessão - 22
03. Culpa e remorso - 26
04. Obsessão e auto-obsessão - 38
05. Causas de vidas anteriores - 44
06. Causas da erraticidade - 56
07. Causas da vida presente - 60
08. Exemplos de comportamentos auto-obsessivos - 68
09. Fixação mental - 74

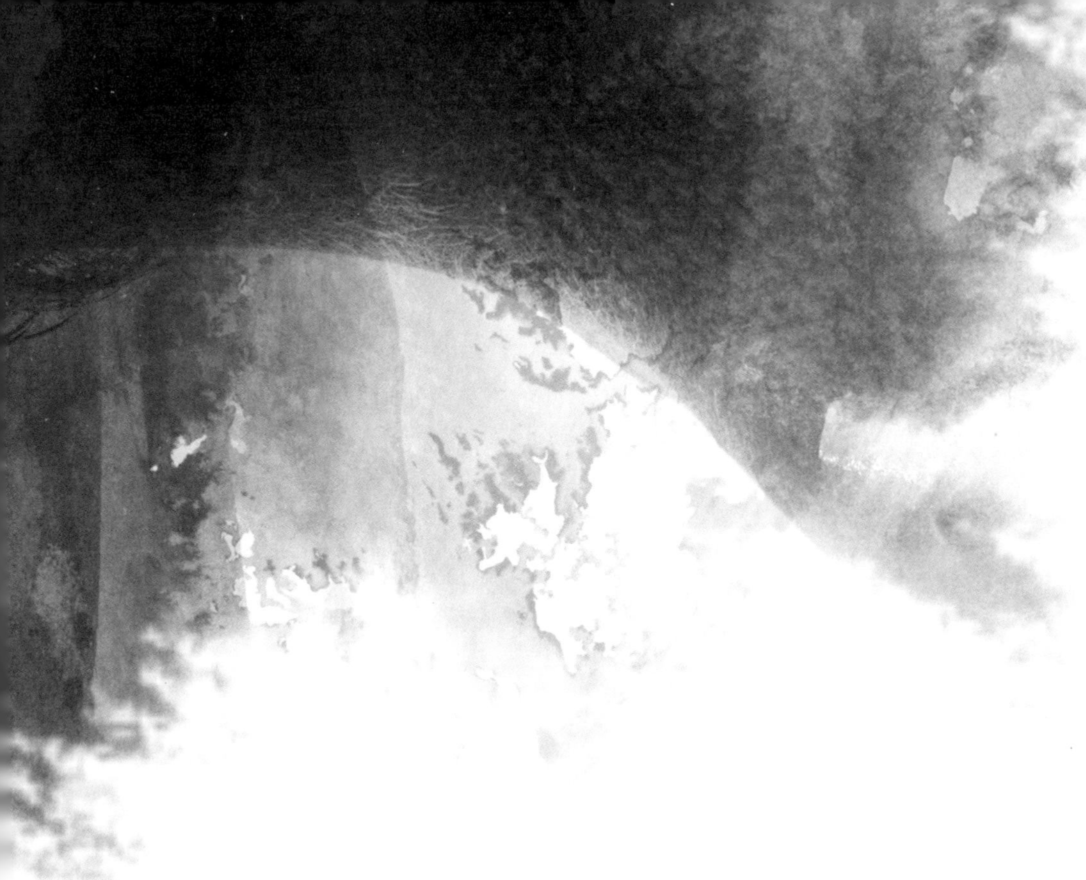

Parte 2 - Casos de auto-obsessão - 81

01. Ex-suicida - 84

02. Autismo - 94

03. Investigador de polícia encarnado - 106

04. Escritor - 110

05. Carência afetiva - 116

06. Traição e homicídio - 124

07. Os dez criminosos - 134

08. Homicida e suicida - 142

09. Profilaxia - 150

Referência bibliográfica - 154

PREFÁCIO

Prefácio:

Definição – segundo o dicionário Aurélio é a parte introdutória de uma obra, da autoria do próprio autor, do editor ou de alguma pessoa de reconhecida competência no assunto tratado na obra. Bem se vê que não é o meu caso, pois não tenho tal competência no assunto. Entretanto, com a longa experiência e vivência do labor doutrinário (mais de 60 anos) estou apto para avaliar, como escritor, o conteúdo de uma obra literária de estudo relacionado com a vida e suas implicações com as leis divinas, na visão espírita. O nosso amigo Dr. Mario Mas tem larga experiência de consultório ouvindo os dramas pessoais na área do comportamento humano. Seu trabalho de pesquisa e profundo interesse pelas obras de Joanna de Ângelis e Manoel Philomeno de Miranda, entre outros autores, o credencia a estender comentários e subsídios que ampliam e enriquecem os temas tão bem focados pelos autores espirituais. Basta uma olhada no sumário do livro para se avaliar o temário abordado que, com simplicidade e segurança, é traduzido para uma linguagem acessível aos leigos da matéria, quando voltados ao estudo das estruturas psíquicas e do comportamento do ser humano. Vale a pena ressaltar que o Dr. Mario Mas dirige e apresenta, pela Rede Boa Nova de Rádio, o Programa "Desafios e Soluções-Obsessão" e coordena o curso das obras de Joanna de Ângelis, na Instituição Assistencial e Educacional Amélia Rodrigues, em Santo André, um domingo por mês. É um minisseminário das 9h às 11h30.

O Dr. Mario Mas "garimpou" nas obras de Joanna de Ângelis, de André Luiz, de Emmanuel, de Yvonne do Amaral Pereira, da Codificação e de muitos outros autores, conforme se poderá conferir no livro, a extensa bibliografia citada.

Eu gostei muito do livro *Auto-obsessão* da EBM, uma editora espírita que prima pela fidelidade aos postulados da Doutrina tão bem elaborada por Allan Kardec.

Miguel Sardano

Santo André, 13 fevereiro de 2019

INTRODUÇÃO

Cada patologia afeta a outra, ou seja, a patologia comportamental favorece a obsessão espiritual, e esta leva ao desequilíbrio pessoal.

O tema obsessão espiritual me despertou interesse desde quando conheci o Espiritismo. Em seguida, fui fazer a formação em Psicologia, entrando em contato com as capacidades e os tormentos humanos nem sempre decifrados pela ciência.

O Espiritismo estuda e esclarece as relações entre o mundo espiritual e o mundo físico, mostrando que as relações inamistosas entre os Espíritos e os Homens decorrem de convivências hostis entre eles quando encarnados ou desencarnados. Daí advém a psicopatologia denominada pelo Espiritismo de *obsessão espiritual*, levando a transtornos de conduta que se assemelham aos transtornos psicológicos.

Por outro lado, a Psicologia estuda a *psique* ou o comportamento humano, suas patologias e qualidades. Contudo, os comportamentos neuróticos e psicóticos têm origem nas vidas passadas e na vida presente, favorecendo a obsessão espiritual por conta da fragilidade e dos débitos espirituais.

É farto o material disponível que versa sobre a obsessão espiritual, mas não há nenhum livro editado que trata da auto-obsessão até o momento. Na preparação do programa "Desafios e Soluções-Obsessão" realizado na Rádio Boa Nova desde 2002, ao falar sobre obsessão espiritual, costumeiramente me deparava com o tema auto-obsessão. Por isso, ao longo do tempo fui reunindo material das leituras diversas acerca desse tema também empolgante que hoje vem a lume em forma de livro.

Espero que o livro possa ser útil aos leitores que se interessam pelo assunto, e informação para quem desconheça o tema.

PARTE 1

TEORIA

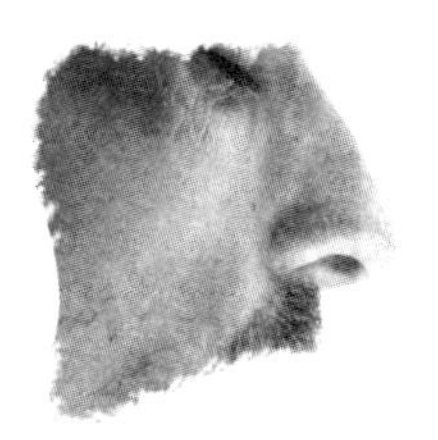

01. Obsessão espiritual

Para bem mais compreender o que é a auto-obsessão, é preciso primeiramente entender o que é a obsessão espiritual definida pelo Espiritismo. Em *O Evangelho Segundo o Espiritismo* os Benfeitores dizem que: "A obsessão é a ação persistente de um mau Espírito sobre uma pessoa. Apresenta características muito diversas, desde a simples influência de ordem moral, sem sinais exteriores perceptíveis, até a completa perturbação do organismo e das faculdades mentais." (Kardec, Allan, 2013, p. 350. Trad. J. Herculano Pires. Lake. Cap. 28, item 81)

Em *Obras Póstumas* é dada a seguinte definição: "Obsessão é o domínio que os maus Espíritos exercem sobre algumas pessoas, no intuito de submetê-las à sua vontade, pelo simples prazer de fazer mal." (Kardec, Allan, 2005, item 56, Trad. João Teixeira de Paula. Lake, 1ª parte, cap. 7)

Qual o motivo de alguém (o obsessor) perseguir e querer prejudicar outrem (o obsediado)? Antes das razões relacionais há o motivo pessoal que é a imperfeição moral, como ensinam os Benfeitores em *O Evangelho Segundo o Espiritismo*: "A obsessão é sempre o resultado de uma imperfeição moral, que dá acesso a um mau Espírito." (Kardec, Allan, 2013, p. 350, Trad. J. Herculano Pires. Lake. Cap. 28). Independentemente de se fazer algo ao *ofendido*, como provocá-lo, discordar de suas ideias ou prejudicá-lo, ele – o ofendido – já é atormentado em si mesmo, melindroso, desconfiado, orgulhoso etc. Seguindo essa linha de pensamento não é tanto o que o *ofensor* faz que o atormenta, mas o que o *ofendido* pensa sobre a situação. Se o *ofensor* diz a uma pessoa: você é desonesto, mau caráter, o sujeito imaturo e melindroso se sentirá profundamente ofendido; se, ao contrário, o *ofendido* for um indivíduo maduro, equilibrado, com "resistência moral", que é a capacidade de suportar a ofensa sem se abalar, a acusação não o atingirá e nem ele se sentirá desqualificado.

A obsessão espiritual se dá entre o desencarnado e o encarnado através da influência que ambos exercem um sobre o outro por conta dos débitos que carregam um em relação ao outro. O obsessor se diz vítima do obsediado em vida passada ou na vida presente, por isso a perseguição. Mesmo estando em dimensões distintas, o obsessor – fora do corpo físico, e o outro – o obsediado, encarnado, a relação entre eles se dá pela faculdade mediúnica.

Mediunidade

Embora encarnado e desencarnado estejam em dimensões diferentes, é possível a eles se comunicarem através da faculdade mediúnica, conforme esclarece Allan Kardec em *O Livro dos Médiuns*: "Toda pessoa que sente a influência dos Espíritos, em qualquer grau de intensidade, é médium. Essa faculdade é inerente ao homem." (1991, item 159, Trad. J. Herculano Pires. Lake. Cap. 14) Portanto, a mediunidade é uma faculdade inata, ou seja, todas as pessoas a possuem em graus variados.

A *faculdade mediúnica* media duas consciências: a encarnada e a desencarnada ou consciências em dimensões diferentes. Além da mediunidade ostensiva que a maioria das pessoas apresentam, a que entre outras, pode ser expressa pela vidência, intuição e psicografia, há o nível de mediunidade que apenas os missionários portam, cuja designação é o mediunato. O "Mediunato é termo criado pelos Espíritos e quer dizer: missão mediúnica." (Kardec, Allan. *O livro dos médiuns*, Trad. J. Herculano Pires. Lake. Cap. 31, nota do tradutor. 1991)

> O professor Herculano Pires elucida a diferença entre a mediunidade e o mediunato: Temos assim duas áreas de função mediúnica, designadas como mediunidade generalizada e mediunato. A primeira corresponde à mediunidade natural, que todos os seres humanos possuem, e a segunda corresponde à mediunidade de compromisso, ou seja, de médiuns investidos espiritualmente de poderes mediúnicos para finalidades específicas na encarnação. (Herculano J., *Mediunidade*, p. 18, 1979)

Sintonia ou afinidade

No prefácio de *Mediunidade e Sintonia*, o Autor Espiritual Emmanuel informa que a sintonia é inerente à mediunidade (Xavier, Francisco C., 1986). Sintonia é a correspondência entre duas ou mais pessoas quanto aos interesses, desejos, inclinações, valores, aptidões. Para ampliar o entendimento veja alguns sinônimos de sintonia: "acordo, concordância, harmonia, reciprocidade, sintonização". (*Dicionário Houaiss*, 2008)

O texto de Emmanuel ainda esclarece que "Mediunidade é força mental, talento criativo da alma, capacidade de comunicação e de interpretação do espírito, ímã no próprio ser. A mediunidade é a 'capacidade de comunicação', ou seja, é poder interagir, enquanto 'a sintonia é acordo mútuo'."(Xavier, Francisco C., 1986, Prefácio)

O Benfeitor espiritual Miranda, em *Reencontro com a Vida* traz-nos o seguinte ensinamento referente ao assunto:

> Na gloriosa majestade do Cosmo vigem as leis de afinidade por equivalência de onda vibratória, produzindo a sintonia entre as mentes, os sentimentos e os seres.
> Conforme as faixas em que se distendem as mensagens emitidas por alguma fonte, logo se dá o processo de afinidade em ressonância, robustecendo as forças no encontro com outra semelhante.
> Trata-se da sintonia, mediante a qual os semelhantes se mesclam, enquanto os diferentes teores vibratórios chocam-se e repelem-se.
> Toda vibração desencadeada repercute no Infinito até encontrar outra idêntica, na qual se incorpora. (Franco, Divaldo P., 2006, p. 167)

Para finalizar a definição de sintonia nos valemos ainda do grande estudioso do Espiritismo Martins Peralva:

> Sintonia significa, em definição mais ampla, entendimento, harmonia, compreensão, ressonância ou equivalência.
> Quando dizemos que 'Fulano sintoniza com Beltrano', referimo-nos, sem dúvida, ao perfeito entendimento entre ambos existente.
> Sintonia é, portanto, um fenômeno de harmonia psíquica, funcionando, naturalmente, à base de vibrações.
> Duas pessoas sintonizadas estarão, evidentemente, com as mentes perfeitamente entrosadas, havendo, entre elas, uma ponte magnética a vinculá-las, imantando-as profundamente.
> Estarão respirando na mesma faixa, intimamente associadas. (Peralva, M., *Estudando a mediunidade*, FEB, 1979, p. 26)

Suposto paradoxo

Para que haja a obsessão espiritual é necessário haver a sintonia entre o obsessor e o obsediado. Se o obsessor persegue sua vítima a fim de atormentá-la e aniquilá-la, é porque nutre ódio e desejo de vingança a quem considera o autor de suas desditas. Para o obsediado estar em sintonia com o obsessor ele também deve possuir internamente elementos, condições como o ódio, raiva, que o ligam ao obsessor, mas nem sempre é o que acontece. Então, não haveria sintonia entre ambos? É comum ver pessoas boas ou que estejam trabalhando sua melhora pessoal ser obsediadas. Este é o suposto paradoxo, ou seja, obsessor e obsediado aparentemente não estarem em sintonia.

Acontece que o obsediado reencarnou para melhorar, evoluir. Na existência atual, ele resgata débitos passados, e ao arrumar ou resolver os tormentos causados a outrem e ao meio social ele desenvolve qualidades, buscando ser o "homem novo". Todavia, ao se apresentar como uma pessoa em renovação, não significa que não tenha praticado deslizes, crimes, ilicitudes contra outrem no passado. Todo esse acervo – arquivos internos ou registros de feitos malsucedidos – aí está como a matriz que possibilita a sintonia com o obsessor, conforme explica Miranda em *Nas Fronteiras da Loucura*.

> Fixada a ideia infeliz, os porões do inconsciente desbordam as impressões angustiosas que dormem armazenadas, confundindo-se na consciência com as informações atuais, ao tempo em que se encontra em desordem pela influência da parasitose[1] externa que se vai assenhoreando do campo exposto, sem defesas.
> Por natural processo seletivo, e tendo em conta as tendências, as preferências emocionais e intelectuais do paciente, a injunção produz melhor aceitação das recordações perniciosas, que servem de veículo e acesso ao pensamento do invasor. (Franco, Divaldo P., 2001, pag. 17)

A ideia nociva do obsessor, ao atuar no obsediado através da indução, o faz se fixar na *ideia infeliz* que por sintonia vibratória evoca no seu inconsciente lembranças correspondentes como citado no texto: "impressões angustiosas", "desordem", "tendências", "preferências emocionais e intelectuais", "recordações perniciosas".

Em *Nos Bastidores da Obsessão*, o Benfeitor Espiritual Miranda clareia ainda mais a ideia de conexão entre o obsessor e o obsediado.

---

[1] - Nota Autor: parasitose refere-se ao parasita que é o obsessor espiritual.

> Quando há um processo de obsessão desta ou daquela natureza, o paciente possui os condicionamentos psíquicos – lembranças inconscientes do débito através das quais se vincula ao perseguidor –, que facultam a sintonia e a aceitação das idéias sugeridas e constringentes que chegam do plano espiritual. (Franco, Divaldo P., 1997, p. 98)

Isto significa que ambos são atraídos um ao outro para que resolvam suas dívidas e possam continuar a progredir, caso contrário, os tormentos internos, as dívidas de cada qual continuarão a verificar a obsessão de espíritos que se opõem ao bem, a obstaculizar o avanço. Esse reencontro entre cobrador e devedor é salutar para os dois; o encontro hostil em um primeiro momento deve-se aos erros do passado, e o acerto de contas (resgate, perdão, reparação) há de modificá-los. Em *Trilhas da Libertação*, o Médico Espiritual Dr. Carneiro esclarece: "Em todo aquele que sofre perseguição espiritual, encontramos os resíduos maléficos dos seus atos desvairados, aguardando superação." (Franco, Divaldo P., 1996, p. 154) Portanto, não há perseguição injusta ou gratuita, uma vez que as razões estão guardadas na mente do indivíduo.

Em outras situações, não se trata de obsessão espiritual, não tem raízes no passado, pode ser influência espiritual ocasional, como acontece de uma pessoa entrar em um bar, se alcoolizar, discutir assuntos banais e atrair um ou mais desencarnados interessados no assunto. Também pode acontecer de um desencarnado não perverso, mas que se sinta só ou depressivo que queira companhia se aproximar de alguém com o mesmo problema e comungar suas dores. Como há, também, espíritos perversos que obsediam pelo desejo de fazerem o mal.

Em qualquer lugar há espíritos desencarnados e encarnados, em graus diferentes de evolução e de interesses diversos, aproximando-se de pessoas afins.

Tipos de obsessão

A obsessão espiritual não se dá apenas de desencarnados para encarnados, as influências são variadas como seguem os exemplos extraídos de *Desafios de Mudar*:

1 – de desencarnado para encarnado
Um ou vários Espíritos assediam o encarnado através de várias técnicas obsessivas, objetivando prejudicá-lo.
2 – de encarnado para desencarnado
Um encarnado que 'perdeu' uma pessoa querida ou um desafeto cobra a presença do desencarnado através da saudade doentia ou desejando o mal dele.
3 – de encarnado para encarnado
É comum ver pais hostilizando um filho, comparando-o pejorativamente com outros irmãos. Como cônjuges se menosprezarem, apontando o defeito do outro e maltratando-o. Empregadores que perseguem funcionários, impedindo seu crescimento, humilha-os na frente dos outros.
4 – de desencarnado para desencarnado
Há desencanados que esperam seu inimigo desencarnar para persegui-lo na vida espiritual, como há encarnado que ao desencarnar vai atrás de seu inimigo desencarnado a fim de prejudicá-lo. Existem desencarnados que se perseguem há séculos.
5 – obsessão recíproca (nas quatro combinações possíveis).
Aqui os envolvidos perseguem-se uns aos outros.

6 – auto-obsessão (encarnado ou desencarnado)
É o tormento que o indivíduo pratica a si mesmo. (Mas, Mario, 2016, p. 98, 137)

Tratamento

A obsessão em qualquer das modalidades apresentadas é tratada no Centro Espírita, preparado que está para esta tarefa, por meio de trabalhadores diversos como o passista, o médium de psicofonia, o médium de sustentação, o preletor, o doutrinador.
O obsediado passa pelo atendimento fraterno, recebe orientação espiritual e encaminhamento para o tratamento de desobsessão e de passes, toma água fluidificada, ouve palestra doutrinária para esclarecimento e orientação de novas condutas e conforto. É orientado a fazer o Evangelho no Lar, preces no dia a dia.
Diferente da alma enferma, estas atitudes trarão harmonia, paz, confiança, esperança, aceitação, deixando a alma iluminada, voltando o paciente à vida para poder aproveitar suas aulas magistrais. (Mas, Mario, *Desafios de mudar*, 2016, p. 98, 137)

A pessoa que hoje se apresenta na condição de obsediado, no passado pode ter prejudicado a pessoa que agora aparece como o obsessor, por isso este o persegue buscando se vingar. Levando-se em conta que o obsessor se considera a vítima, não o algoz, se recusa a perdoar, nesses casos, além do diálogo fraterno e esclarecedor os Benfeitores realizam regressão de memória (na vida espiritual), em ambos quando possível, processo que os leva a ver a trama em que estão envolvidos, prejudicando-se mutuamente. Por isso, no Centro Espírita o obsessor também é tratado com amor, esclarecimento, passes, às vezes, recebe a visita de um ente querido desencarnado para sensibilizá-lo ao perdão. Após o trabalho mediúnico no corpo físico, no Centro Espírita, o trabalho continua no plano espiritual. Durante o sono, os trabalhadores encarnados saem do corpo físico pelo desdobramento, com auxílio dos seus mentores espirituais, e adentram ambientes espirituais, que pode ser o próprio Centro, para continuar o trabalho de desobsessão.

02. Definição de auto-obsessão

A obsessão espiritual é a influência que um Espírito pouco esclarecido exerce sobre uma pessoa, por conseguinte a auto-obsessão é o tormento que a criatura exerce sobre si mesma, como Allan Kardec exemplifica na *Revista Espírita*.

> Releva dizer ainda que a gente muitas vezes responsabiliza os Espíritos estranhos por maldades de que não são responsáveis. Certos estados mórbidos e certas aberrações, que são atribuídas a uma causa oculta, são, por vezes, devidas exclusivamente ao Espírito do indivíduo. As contrariedades frequentes concentradas em si próprio, os sofrimentos amorosos, principalmente, tem levado ao cometimento de muitos atos excêntricos, que erradamente são levados à conta de obsessão. Muitas vezes a criatura é seu próprio obsessor. (Kardec, Allan, 1862, p. 364, Trad. Julio Abreu Filho. EDICEL. 12/1862, p. 364)

Em *Obras Póstumas*, ensina o codificador: "Pode muitas vezes ser-se o obsessor de si próprio." (Kardec, Allan 2005, item 58, Trad. João Teixeira de Paula, c. 3.)

A auto-obsessão vai desde a simples falta de respeito pessoal em que o indivíduo permite que os outros o desrespeitem fazendo brincadeiras supostamente inocentes, mas que são ofensivas ao Eu, como: "você só faz coisa errada", "você é um zero à esquerda", "o que você pensa não importa", até a autoagressão destrutiva como se bater, se mutilar, usar drogas... É hostilidade que vem de fora, dos outros, e de dentro, do próprio sujeito a se agredir.

Nesses exemplos, há aceitação da falta de respeito consigo mesmo, como se o indivíduo merecesse sofrer ou não tivesse valor. Em sã consciência, não é aceitável que alguém queira o próprio mal, portanto, para isso acontecer algo internamente não está bem. É como se ele estivesse se punindo por ter feito algo errado, parece inimigo de si mesmo. Não é casual e nem gratuito agir assim, pois

> Insatisfação, angústia, fixações perturbadoras são o saldo das vivências perniciosas, cujas ações deletérias não foram digeridas pela consciência e permanecem pesando-lhe na economia emocional. Manifestam-se como irritabilidade, mal-estar para consigo mesmo, desinteresse pela vida, ideias autodestrutivas, em mecanismos de doentia expressão, formando quadros psicossomatológicos degenerativos. (Franco, Divaldo P., Joanna de Ângelis, *Autodescobrimento,* LEAL, 1995, p. 47)

Esse quadro revela desorganização tal do indivíduo, que ele aceita o desrespeito de terceiros e de si mesmo, por conta de conflitos e culpas que o fragilizam. Há nesse contexto a semeadura da maldade que faz proliferar a erva daninha da malquerença de si mesmo. Isso porque o indivíduo julga seus próprios atos gerando um quadro de culpa: De acordo com *Tramas do Destino* "O maior inimigo do paciente auto--obsidiado é a sua consciência de culpa, de que não se esforça, realmente, por libertar-se, conseguindo merecimento pelo uso bem dirigido da força que empreende para a regularização dos erros pungentes." (Franco, Divaldo P., 1976, p. 66)

Como será visto no capítulo 3, a díade perturbadora que leva o indivíduo a obsediar a si mesmo é a *culpa* e o *remorso.* Vimos que o maior inimigo do auto-obsediado é a culpa. O remorso é uma perturbação pelo reconhecimento do erro cometido. Em *Dias Gloriosos*, a Benfeitora Joanna de Ângelis esclarece que o auto-obsesso fica "... revivendo acontecimentos danosos ou congelantes de vivências anteriores, de que se não pôde o Espírito libertar." (Franco, Divaldo P., 1999, p. 58)

Na obra *Reencontro com a Vida* é referido que o espírito arquiva na memória as experiências enriquecedoras e as perturbadoras que "... ressumam, nas diferentes reencarnações esses substratos, que emergem em forma de hábitos e costumes impositivos... (Franco, Divaldo P., 2006, p. 223-224) A afirmação possibilita compreender porque alguns comportamentos são tão arraigados, parecem inerentes à personalidade.

Na mesma obra e página, aprendemos que com tais experiências arquivadas na memória

> ... surgem, então os lamentáveis processos de auto-obsessão, nos quais as fixações mentais transbordam em desvios de conduta, como resultado do atropelo das ideias doentias, empurrando para a depressão, para transtornos obsessivos-compulsivos, para síndromes de pânico, para delírios.

Esclarecimento este que sugere que os arquivos das ideias, emoções e imagens estão desordenados e emergem em forma de transtornos.

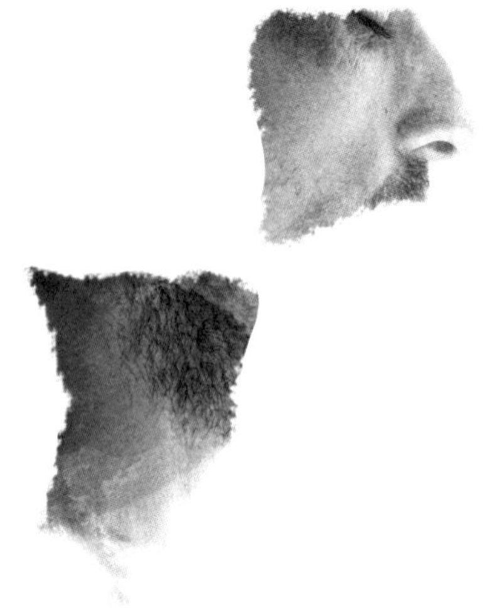

03. Culpa e remorso

Neste capítulo serão utilizados dois conceitos que compõem a auto-obsessão, são eles: a culpa e o remorso. As definições dadas pelo dicionário são:

Culpa: "responsabilidade por dano, mal, desastre causado a outrem."

Remorso: "inquietação, abatimento da consciência que percebe ter cometido uma falta, um erro; arrependimento, remordimento." (*Dicionário Houaiss*, 2008)

Simplificando, o encadeamento entre os dois conceitos, a culpa decorre de um erro ou crime praticado e o remorso é a perturbação conseguinte ao feito, produzindo a auto-obsessão que é a revivência dos danos realizados.

CULPA

Quais são as fontes da culpa, ou seja, quais são as situações formadoras dela? Para bem mais compreender vamos dividir as fontes da culpa em subjetivas e objetivas em qualquer fase da vida. Uma criança que deseja o mal do pai, do irmão ou de um amiguinho na fantasia vai se sentir culpado apenas por desejar, sem chegar às vias de fato. Caso algo aconteça, tal qual um acidente, ferimento ou a desencarnação do alvo do seu desejo, a criança pensará que ela provocou a situação. Na fantasia, o infante cria situações maldosas que se confundem com a realidade, pois ele nem sempre sabe divisar a fantasia da realidade. Aqui temos a culpa subjetiva: meu desejo causou mal a alguém. Essas fantasias não são exclusividades da criança, o adulto e o adolescente também as elaboram.

A culpa objetiva refere-se à concretização da ação, a fazer algo real para outrem, quando se pratica o mal por meio de ofensas, agressão, homicídio, calúnia... Um pai que dá um tapa no rosto do filho; o filho que agride a mãe; um chefe que ofende o empregado e o demite por capricho; o indivíduo que comete adultério. Trata-se de situações objetivas, físicas com potencial de culpa.

Em ambas as situações, a culpa se constrói em qualquer fase da vida, com fantasias ou atitudes tresloucadas gerando tormentos pessoais. O mesmo contexto pode causar culpa em uma pessoa, mas não em outra. Por exemplo, um pai pela segunda vez repreende os filhos que estão brincando de se bater de travesseiros, dizendo: "Eu já falei para pararem, *eu não gosto* de crianças desobedientes". Esta ênfase em eu *não gosto* de criança desobediente produz alguns desdobramentos nos filhos. Vamos imaginar que sejam três crianças: a mais evoluída espiritualmente vai receber a fala do pai com desagrado, mas sabe que não passa de uma bronca, ela tem certeza de que o pai a ama. O filho de evolução mediana ficará um pouco chocado e temeroso com o que ouviu, sentindo culpa pelo que está fazendo. O terceiro filho, menos evoluído, receberá a declaração do pai como uma afirmação: "Meu pai não gosta de mim! Sou uma pessoa má... Sou culpado por ele não gostar de mim." Nesse caso, não é especificamente a fala do pai que gerou o tormento, mas as matrizes conflitivas internas que o deixaram vulnerável.

Os conflitos são inerentes à imaturidade e ao consequente modo de lidar com os reveses da vida, como as frustrações, as oposições, os problemas, os desejos egoísticos, o orgulho, a vaidade. Soma-se a tais problemas da vida as culpas que trazemos de vidas anteriores e aquelas que provocamos na presente jornada. Para os três filhos, no exemplo dado, a culpa aparece de maneiras distintas: em relação ao primeiro filho como uma advertência normal, ao segundo em forma de aceitação de que cometeu um erro, e ao terceiro filho feito algo abominável.

Culpa e punição

Joanna de Ângelis explica que "A culpa sempre se insculpe no inconsciente como uma necessidade de punição, através de cujo mecanismo o ego se liberta do delito." (Franco, Divaldo P. Joanna de Ângelis, *O despertar do espírito*, LEAL, 2000, p. 42.) Alguns dos sinônimos da palavra punição são "corretivo" e "castigo", portanto, quando o indivíduo erra e produz a culpa, ele passa por um corretivo ou castigo pelo que fez, acarretando sofrimento e conscientização que vai liberá-lo do erro. A punição provoca dor ou sofrimento e a conscientização do que se fez. Isso implica reparar o dano provocado na harmonia da vida, cujos representantes são as pessoas, a sociedade e a natureza. A infração não se comete somente ao ferir terceiros e a causar desordem social, mas também em maltratar a si mesmo. O indivíduo que se fustigar, se autonegar, se subestimar, vai pagar o alto preço da angústia, da somatização, das doenças... A pessoa que se suicida, alegando que o corpo é dela e faz o que quer, está enganada, pois o corpo é um empréstimo da Divindade para sua evolução e, oportunamente, ela deverá prestar contas dessa ação.

Algumas pessoas questionam se não é possível reparar um erro sem se sentir culpada, a resposta é: depende! Depende do estado consciencial do indivíduo, do quanto ele tem domínio sobre suas ideias e emoções de não se deixar mortificar e reparar. Uma pessoa mais evoluída não perde tempo com a culpa e a lamentação, antes busca equacionar com brevidade seus deslizes. O neurótico, por sua vez, problematiza o ocorrido, não se perdoa, julga-se maldoso ou vítima, rumina as ideias, revê na tela mental seus desatinos.

Culpa e pecado

Afirma Joanna de Ângelis que a culpa tem sua origem na ideia de pecado.

> Originada na conceituação ancestral de pecado – herança atávica do pecado original, que seria a desobediência de Adão e Eva, os arquétipos ancestrais do ser humano, a respeito da Árvore da sabedoria do Bem e do Mal – tem sido, através do processo da evolução, um agente cruel punitivo, que vem desequilibrando o seu mecanismo psicológico. (Franco, Divaldo P., Joanna de Ângelis, *O despertar do espírito*. LEAL, 2000, p. 42)

Uma pessoa que se desenvolve ao longo da vida acreditando-se uma pecadora inata, propensa ao mal, como consequência que autoconceito vai ter de si mesma? Nós, seres humanos, aprendemos pelos acertos e erros. Se toda vez que errarmos nos sentirmos pecadores e sujeitos à punição, como fica o nosso estado emocional? Principalmente, se acreditarmos que ao errar estamos ofendendo a Deus.

Como seres imortais e reencarnacionistas, sabemos que em vidas passadas, por conta da ignorância, do fanatismo religioso e das ameaças do fogo eterno, havia muito medo da condenação decorrente do pecado/culpa. O pecado leva à culpa e à possibilidade de punição. Tal crença em uma mentalidade crédula e imatura era assustadora. Imagens dessas vivências passadas ainda ecoam em nossa memória, trazendo certo desconforto e medos infundados.

A consciência de culpa, derivada da associação entre pecado e culpa "... torna-se tortura lúcida ou não para o emocional, gerando tormentos que poderiam ser evitados se outros processos houvessem sido elaborados para facultar a reparação do erro." (Franco, Divaldo P., *O despertar do espírito*, LEAL, 2000, p. 43)

A "tortura lúcida" é crer tratar-se de um pecado e estar ciente do erro cometido, que é a culpa; a tortura não lúcida é quando o indivíduo não se lembra do erro cometido em alguma fase da vida. A "tortura não lúcida" também pode proceder de um erro cometido em uma vida passada. Neste caso, a pessoa pode se autoflagelar ou se desprezar sem saber o porquê, é como se ela estivesse se redimindo ou se punindo pelo erro passado.

Modalidades de culpa

Joanna de Ângelis fala de seis modalidades de culpa, a saber: *culpa lúcida, culpa tormentosa, culpa não perturbadora, culpa terapêutica, culpa saudável e culpa e expiação,* que vamos estudar agora.

1. Culpa lúcida

Em *O Despertar do Espírito* aprendemos que a maneira de tirar o peso da culpa como sendo um pecado, de acordo com a Psicologia, é a substituição da culpa pela *responsabilidade*, "mediante a qual a colheita se deriva da semeadura, sem qualquer expressão castradora do discernimento nem fatalista do sofrimento." (Franco, Divaldo P., 2000, p. 43)

Tanto a palavra culpa quanto a palavra pecado estão desgastadas, levando a tormentos que dão a ideia de que o erro é irremediável e merece punição. Ao contrário, com a *responsabilidade* a pessoa assume o que fez e sabe que vai colher os resultados de suas escolhas. Assumir a responsabilidade pelo erro é tornar a culpa lúcida, como assevera Joanna de Ângelis ainda em *O Despertar do Espírito*: "Não obstante a anuência com esse contributo psicoterapêutico valioso, a culpa lúcida, bem absorvida, transforma-se em elemento positivo no que tange ao acontecimento malsucedido." (Franco, Divaldo P., 2000, p. 43) É positivo, porque o indivíduo ciente do que fez, procura reparar ao invés de se punir. No entanto, a Benfeitora faz uma ressalva na sequência deste texto, que mostra a importante função da culpa como meio de reparação. A noção de responsabilidade pela falta não pode fazer o sujeito desdenhar da gravidade do erro e da necessidade de reparar.

> A simplificação psicológica do ato infeliz, diminuindolhe a gravidade e não lhe concedendo o valor que merece – nem mais nem menos do seu conteúdo legítimo – pode conduzir à irresponsabilidade, à perda de discernimento dos significados éticos para o comportamento, gerando insensibilidade, desculpismo, falta de esforço para a aquisição do equilíbrio saudável.

Se o indivíduo, ao se permitir o descaso pelo erro cometido, continuar a repetir o mesmo e com isso se comprometendo cada vez mais, adia seu progresso e felicidade.

2. Culpa tormentosa

A culpa tormentosa é, segundo Joanna de Ângelis, em *O Despertar do Espírito* "aquela que se mascara e adormece no inconsciente profundo, trabalhando transtornos de consciência, ante a consideração do ato ignominioso não digerido." (p. 43) A culpa retida no inconsciente profundo é o erro ou o crime não resolvido, que constantemente atormenta o infrator.

3. Culpa não perturbadora

Quando o indivíduo se conscientiza de seus erros não precisa se atormentar, quando se dispõe a reparar seus atos, ele faz "uma avaliação oportuna sobre o acontecimento, tornando-se necessidade reparadora, que propele ao aloperdão, como ao autoperdão", argumenta Joanna de Ângelis (*O despertar do espírito*, LEAL, 2000, p. 43) Reparar a falta, perdoar o próximo e a si mesmo evita se fustigar nos meandros da culpa.

4. Culpa terapêutica

A pessoa em falta tende a remoer a culpa de modo a perder a clareza do ato cometido, superestimando-o de tal forma que se torna quase impossível uma solução.

Você sabe o que é superestimar? É conferir um valor muito grande ou tornar enorme o erro, consequentemente tornando impossível corrigi-lo. A *culpa terapêutica* evita esse tormento, porque "Trata-se apenas de uma plena conscientização de conduta, com vistas à vigilância emocional e racional para os futuros cometimentos." (Franco, Divaldo P., Joanna de Ângelis, *O despertar do espírito*, LEAL, 2000, p. 44) A *plena conscientização* é estar ciente, lúcido, saber o que está fazendo para não se atormentar emocionalmente e nem se torturar com ideias de cobrança doentia.

Quando o indivíduo identifica a culpa "... surge o imperativo do autoperdão**,** através do qual a racionalização do ato abre campo para o entendimento do fato menos feliz, sem punição, nem justificação doentia, mas, simplesmente, digestão psicológica do mesmo", assevera a Benfeitora Joanna de Ângelis. (Franco, Divaldo P., *O despertar do espírito*, LEAL, 2000, p. 44)

O autoperdão não é condescendência com os próprios erros, mas o reconhecimento da falibilidade humana e da capacidade que possui o ser humano de se renovar. Estamos em processo evolutivo, fomos criados simples e ignorantes, não sabemos e nem dominamos tudo, portanto, é natural que haja acertos e erros. Uma ilustração da condenação sem o merecimento do perdão seria a da criança que começa sua alfabetização: Se ela errar a sequência das vogais ela deve ser expulsa da escola e não merece mais estudar? Seria um absurdo! A racionalização que é o uso da coerência, da lógica, da inteligência avalia o erro e busca equacioná-lo através da reparação, enfrentando as consequências, sem se aprisionar na autopunição improdutiva.

5. Culpa saudável

A *culpa saudável* denota maturidade em lidar com os erros sem transformá-los em ruína pessoal, como predominou durante muito tempo na história da humanidade. Elucida Joanna de Ângelis: "Considerada a ação sob a óptica da culpa saudável, não será factível de introjetá-la (a culpa), evitando que se transforme em algoz interior, que ressurgirá quando menos seja esperado." (Franco, Divaldo P., *O despertar do espírito*, LEAL, 2000, p. 45) Uma vez identificada a culpa, procura-se elaborá-la ao invés de incorporá-la, o que resultaria em um conflito interno desnecessário.

A culpa saudável também permite que o indivíduo se conheça mais, como esclarece a Benfeitora: "... esse trabalho de identificação da culpa contribuirá para a compreensão da própria fragilidade do ego, dos fatores que o propelem às condutas doentias, assim como à lucidez de como pode auto-amar-se e amar às demais pessoas e expressões vivas da Natureza." (Franco, Divaldo P., *O despertar do espírito*, LEAL, 2000, p. 45)

Uma pessoa pode ter uma imagem de si mesma que nem sempre corresponda à realidade. Por exemplo, um sujeito presunçoso pode se achar melhor do que os outros; um empresário poderoso pode se crer intocável, um religioso pode se imaginar um santo. O indivíduo nestas condições acredita-se superior, especial, inatingível, invulnerável, o que é uma fantasia de se supor acima da humanidade. Por mais que se creia superior e autossuficiente, ao cometer um erro ou crime elabora um quadro de culpa que o tortura, levando-o à auto-obsessão, ocasião em que vai se maltratar, consequentemente desconstruindo sua autoimagem artificial de superior. Esta nova situação faz o indivíduo se aproximar mais de quem é, tomando contato com suas qualidades e imperfeições, sem falsear sua personalidade, pois a culpa tem "o objetivo de proporcionar o exercício da honestidade para com o Si, evitando autojustificação, transferência de responsabilidade, indiferença diante do acontecimento." (Franco, Divaldo P., *O despertar do espírito*. LEAL, 2000, p. 46) Esta honestidade consigo é não trair a sua personalidade, é não negar suas escolhas, seus atos para que não se transformem em tormentos e desequilíbrio pessoal.

6. Culpa e expiação

A culpa promove a vinculação do indivíduo à falta cometida, contudo esta ligação e tormento ainda não são a reparação. O sofrimento daí advindo abre caminho para a reparação. De acordo com *O Despertar do Espírito*, "É inevitável o arrependimento que a culpa proporciona, mas também faculta o sofrimento expiatório em relação ao engano, fase inicial do processo de reparação." (Franco, Divaldo P., 2000, p. 46) Tal sofrimento conecta o sujeito ao seu ato ignominioso, sentindo em si a extensão de seu desatino, o que ocasiona a expiação:

"A expiação consiste nos sofrimentos físicos e morais que são a consequência da falta cometida...", afirma Kardec (*O céu e o inferno*. Trad. J.Herculano Pires e J.T. de Paula, LAKE, cap. 7, item 17, 2013, p. 85).

Remorso

Após o efeito da culpa, não deixando o infrator fugir de sua responsabilidade, pois está em si mesmo os registros da infração, o processo de reparação continua. Em seguida, surge o tormento do erro cometido – o remorso! Assegura o Benfeitor André Luiz em *Evolução em Dois Mundos*: "... precipita-se a mente, pelo excesso da taxa de remorso nos fulcros da memória, na dor do arrependimento a que se encarcera por automatismo, conforme os princípios de responsabilidade a se lhe delinearem no ser..." (Xavier, Francisco C., 2005, p. 159)

A detenção na memória significa presenciar o delito cometido e seus derivados. Por conta dessa polarização na recordação, encontra-se o indivíduo impossibilitado de desfrutar em parte das belezas da vida a fim de se renovar, até que salde seus débitos. No mesmo texto explica André Luiz o porquê de tal obstáculo: "Obliterados os núcleos energéticos da alma, capazes de conduzi-la às sensações de euforia e elevação, entendimento e beleza." (Xavier, Francisco C., *Evolução em dois mundos*, FEB, cap. 16, 2005, p. 159)

Adentrando mais os efeitos do remorso como o precursor da auto-obsessão, Dr. José Carneiro dos Santos, em *Trilhas da Libertação,* esclarece:

> A consciência de culpa do devedor faz um mecanismo de remorso que se transforma em desajuste da energia vitalizadora, que passa a sofrer-lhe os petardos e termina por produzir, como não desconhecemos, a auto-obsessão, ou engendra quadros de alienação mental conhecidos na psicopatologia sob denominações variadas. (Franco, Divaldo P., 1996, p. 28)

Vamos nos lembrar de que a energia vital anima o nosso corpo, como esclarecem os Benfeitores em *O Livro dos Espíritos* em nota a pergunta 70: "Os órgãos estão, por assim dizer, impregnados de fluido vital. Esse fluido dá a todas as partes do organismo uma atividade que lhes permite comunicarem-se entre si..." (Kardec, Allan, 2013, p. 76)

Por conseguinte, se a energia vital é desajustada, todos os órgãos, assim também a psique, vão sofrer com isso trazendo, por consequência, ao indíviduo, a alienação mental referida no texto. Somente a título de comparação: Sabemos que o combustível adulterado colocado em um carro leva o motor a não funcionar e ainda pode desregulá-lo. Quanto mais a energia vital que impregna todo o nosso corpo físico e o perispírito![2]

---

[2] - O *perispírito*, também conhecido por corpo fluídico "... une o Corpo e o Espírito, é uma espécie de envoltório semimaterial. A morte é a destruição do envoltório grosseiro, o corpo físico. O Espírito conserva o segundo, que constitui para ele um corpo etéreo, invisível para nós no estado normal, mas que pode se tornar acidentalmente visível e mesmo tangível, como sucede nos fenômenos das aparições." (Kardec, Allan, *O livro dos espíritos*, 2010, p.17)

04. Obsessão e auto-obsessão

Obsessão espiritual

Diferentemente da auto-obsessão, em que o sujeito atormenta a si mesmo, na obsessão espiritual, também chamada de alo-obsessão, trata-se de uma influência externa praticada pelo obsessor com técnicas diversas como a hipnose, a aflição, o envolvimento fluídico, a telepatia...

Pode parecer que o obsessor tenha autonomia e poder de fazer o que quiser com suas vítimas, ele próprio acredita ter o direito de perturbar ou destruir a vida de seu oponente, alegando estar se vingando. Esta afirmação – a vingança – explica em parte o porquê da perseguição e da influência que ele consegue exercer sobre o obsediado, uma vez que eles não são desconhecidos um ao outro, antes conhecidos e se reencontrando. De acordo com o Benfeitor Espiritual Áulus: "O acaso não consta dos desígnios superiores. Não nos aproximamos uns dos outros sem razão." (Xavier, Francisco C., *Nos domínios da mediunidade*, cap. 9)

O obsediado, que está encarnado, segundo os ensinamentos do Benfeitor Miranda, não se lembra das circunstâncias em que se vinculou ao obsessor, mas este se recorda dos motivos que o levaram à vingança, pois não reencarnou desde a época da ocorrência da ofensa, por essa razão o ódio, pois ele também se crê uma vítima. Por sua vez, o obsediado, mesmo não se lembrando do passado, não foge aos tormentos internos originados dos seus comportamentos insensatos que o vinculam a seu algoz.

> Marcado pela dívida o obsediado é alguém atormentado em si mesmo. Assinalado nos íntimos tecidos do subconsciente pelo crime pretérito, possui os fatores básicos para a obsessão, em forma de predisposição psíquica e consequente desarmonia emocional. (Franco, Divaldo P., Manoel P. de Miranda *Sementeira da fraternidade,* 1980, p. 35)

Auto-obsessão

Com ou sem a influência do obsessor, o indivíduo atormenta a si mesmo – auto-obsessão – decorrente de suas próprias memórias, ou seja, pela culpa de ter perturbado a vida alheia. Quanto à atuação do obsessor, o seu desejo e ódio não são suficientes e nem se sobrepõem às Leis Divinas, segundo explicam os Benfeitores: "Na gênese das enfermidades físicas e psíquicas, temos como fator preponderante a lei de causa e efeito."(Pugliese, A. *A obsessão:* instalação e cura. LEAL, 1998, p. 83)

Em *Temas da Vida e da Morte* ratificam os Benfeitores: "Porque a divina justiça se encontra insculpida na consciência da criatura, o delinquente ou réprobo proporciona os recursos predisponentes ou preponderantes para o conúbio devastador." (Franco, Divaldo P., 2011, p. 153) Esta explicação sinaliza que não existe vítima, como muitos obsediados acreditam, considerando-se perseguidos injustamente, pois o obsessor não tem todo esse poder. Ele mesmo nem sempre sabe dizer por que é atraído ao obsediado. Tal atração de ambos, perseguidor e perseguido, é um *impulso automático* que os vincula: "... Quando a entidade perseguidora, consciente ou não, se vincula ao ser perseguido, obedece a impulso automático de sintonia espiritual..." (Franco, Divaldo P., Manoel P. de Miranda, *Nos bastidores da obsessão*, FEB, cap. 4, 1997, p. 99) Contudo, quando a "vítima" quita seu débito rompe a sintonia, pois o obsessor não tem mais acesso a ela.

A auto-obsessão instala-se por causa da infração cometida e da consciência de culpa que faz um mecanismo de remorso, deixando o infrator fragilizado. Por si mesmo, o indivíduo se pune com a revisão dos acontecimentos danosos que desencadeou. Como o crime foi praticado contra alguém, esta pessoa, se não for moralizada, vai querer fazer a justiça com as próprias mãos articulando vingança. Não bastasse o sofrimento da auto-obsessão, o quadro é agravado pela presença desequilibrada do obsessor. "O maior inimigo do paciente auto-obsidiado é a sua consciência de culpa, de que não se esforça, realmente, por libertar-se, conseguindo merecimento pelo uso bem dirigido da força que empreende para a regularização dos erros pungentes" afirma Manoel Philomeno de Miranda em *Tramas do Destino* (1993, p. 66)

Atormentado por si mesmo, o indivíduo fica sem defesa facilitando a intromissão obsessiva que chega insinuante.

> Quando você escute nos recessos da mente uma ideia torturante que teima por se fixar, interrompendo o curso dos pensamentos; quando constate, imperiosa, atuante força psíquica interferindo nos processos mentais; quando verifique a vontade sendo dominada por outra vontade que parece dominar; quando experimente inquietação crescente, na intimidade mental, sem motivos reais; quando sinta o impacto do desalinho espiritual em franco desenvolvimento, acautele-se, porque você se encontra em processo imperioso e ultriz de obsessão pertinaz. (Franco, Divaldo P., Manoel P. de Miranda, *Nos bastidores da obsessão*, FEB, 1997, p. 27)

Resgate

Os males praticados contra outrem geram débitos ante a Lei de Causa e Efeito, havendo a necessidade de regularização. O prejudicado, quando pouco moralizado e orgulhoso, não aceita a ofensa sem revide. Isso não quer dizer que o ofensor esteja nas mãos do ofendido e terá de sofrer-lhe a vingança. O débito contraído é perante as Leis Divinas, podendo ser ressarcidas através do amor ou da prática do bem.

> Se o paciente é experimentado nas disciplinas morais, embora os compromissos negativos de que padece, consegue, pela conquista de outros méritos, senão contrabalançar as antigas dívidas pelo menos granjear recursos

> para resgatá-las por outros processos que não os da obsessão. (...) As Leis Divinas são de justiça, indubitavelmente; no entanto, são também de amor e de misericórdia. O Senhor não deseja a punição do infrator, antes quer o seu reajuste à ordem, ao dever, para a sua própria felicidade.(Franco, Divaldo P., Manoel P. de Miranda, *Nos bastidores da obsessão*, FEB, 1997, p. 99)

E o Espiritismo oferece instrumentos eficazes para a superação das imperfeições morais e o resgate dos débitos que fragilizam o indivíduo que são: a *caridade*, a *fraternidade*, a *reforma íntima*, o *exercício da mediunidade* para que o homem velho dê lugar ao homem novo.

05. Causas de vidas anteriores

Na condição de seres imortais, multiexistenciais e multidimensionais sabemos que estamos reencarnados em um corpo transitório a fim de evoluir, desenvolver nossos potenciais latentes no enfrentamento da existência. A existência atual é a continuidade das infindáveis reencarnações que já vivemos. Não somos *tabula rasa* como quer os materialistas, antes de nascer temos uma história milenar que tipifica nossa personalidade de acordo com as experiências vividas. "Os fatores que programam as condições do nascimento no corpo físico são o resultado dos atos e pensamentos das existências anteriores." (Franco, Divaldo P., Joanna de Ângelis, *Plenitude*, LEAL, 1990, p. 29)

A reencarnação não acontece acidentalmente e sem conhecimento do interessado, ao contrário, junto aos Benfeitores Espirituais ele planeja e escolhe a nova reencarnação, exceto nos casos de extrema perturbação em que é programada a reencarnação compulsória sem prévia consulta do interessado. As pessoas menos evoluídas também não seguem uma planificação por falta de recursos para atingir metas.

Em relação à escolha da reencarnação, explicam os Benfeitores em *O Livro dos Espíritos*, na resposta à pergunta 399:

> Chegado ao termo que a Providência marcou para a sua vida errante, o Espírito escolhe por si mesmo as provas às quais deseja submeter-se, para apressar o seu adiantamento, ou seja, o gênero de existência que acredita mais apropriado a lhe fornecer os meios, e essas provas estão sempre em relação com as faltas que deve expiar. Se nelas triunfa, ele se eleva; se sucumbe, tem de recomeçar. O Espírito goza sempre do seu livre-arbítrio. E em virtude dessa liberdade que, no estado de Espírito, escolhe as provas da vida corpórea, e no estado de encarnado delibera o que fará ou não fará, escolhendo entre o bem e o mal. Negar ao homem o livre-arbítrio seria reduzi-lo à condição de máquina. (Kardec, 2013)

A escolha da nova encarnação não segue os limitados interesses do mundo físico imediatista. É comum pessoas dizerem que gostariam de nascer ricas e bonitas acreditando-se que desse modo encontrariam a felicidade plena. Todavia, o Espírito, ao desencarnar, avalia o que fez para si e para os outros, guardando sentimentos diversos que oscilam entre alegria e tormentos devastadores pelos acertos e erros cometidos respectivamente. Aqueles que se sentem culpados pelas faltas cometidas não suportam o peso da consciência de culpa, querem reparar os enganos através de provas ou de expiações a fim de pacificar suas mentes. Neste caso, o corpo bonito e o dinheiro tornam-se insignificantes diante da mente atormentada.

Para o mundo espiritual, a riqueza ou a pobreza, a beleza ou a feiura, a saúde ou a doença, são instrumentos evolutivos que se apresentam na forma de provas e expiações, não como privilégio ou azar. É o que acontece com os completistas, Espíritos mais maduros que ao reencarnarem não querem corpos bonitos e privilégios, pois seus principais objetivos visam ao cumprimento do que foi programado na vida espiritual, e para isso solicitam

> ... providências em favor da existência sadia, preocupando-se com a resistência, equilíbrio, durabilidade e fortaleza do instrumento que os deveria servir, mas pediram medidas tendentes a lhes atenuarem o magnetismo pessoal, em caráter provisório, evitando-se-lhes apresentação física muito primorosa, ocultando, assim, a beleza de suas almas para a eficiente garantia de suas tarefas. (...) Os trabalhadores conscientes, na maioria das vezes, organizam seus trabalhos em moldes exteriores menos graciosos, fugindo, por antecipação, ao influxo das paixões devastadoras das almas em desequilíbrio. (Xavier, Francisco C., André Luiz, *Missionários da luz,* FEB, 2004, p. 216)

Os completistas não visam a aplausos e holofotes, pois já venceram o "egão", estão interessados na "realização da Vontade Divina." A alegria de servir, a paz interior, a consciência tranquila trazem bem-estar inalcançável pelos prazeres.

Programacão reencarnatória

De modo geral, na preparação para a nova encarnação, o reencarnante consulta o seu mentor espiritual e as equipes especializadas que avaliam a

> Ficha pessoal que identifica o candidato; é feita a pesquisa sobre aqueles que lhe podem oferecer guarida, dentro dos mapas cármicos, providenciando-se necessários encontros ou reencontros na esfera dos sonhos, se os futuros genitores já estão no veículo físico, ou diretamente, quando se trata de um plano elaborado com grande antecedência... (Franco, Divaldo P., Manoel P. de Miranda, *Temas da vida e da morte*, FEB, p. 14, 2011)

A menção à *ficha pessoal* e a *mapas cármicos* mostra que a preparação reencarnatória é muito bem elaborada, longe da avaliação simplista de pessoas que dizem estar reencarnadas no lugar errado e que não pediram para nascer. A questão não compreendida refere-se às condições desagradáveis ou de sofrimento que vivem tais pessoas, não porque os Benfeitores erraram no planejamento, mas por quem elas produziram o sofrimento ante suas escolhas.

Na ficha pessoal do candidato consta sua trajetória pessoal e interpessoal, suas realizações, desacertos, as tendências, as aptidões, os hábitos, as possibilidades, as fraquezas, enfim os recursos e dificuldades da personalidade, que serão avaliados e como refletirão na futura existência. Restrições ou possibilidades cognitivas, emocionais e físicas podem fazer parte da programação.

No mapa cármico constam seus créditos que consistem nas boas realizações, ética, renúncia e nos débitos, erros e crimes cometidos que permearão a nova personalidade. O planejamento reencarnatório é muito bem elaborado levando em conta todos essas razões para que o candidato ao renascimento seja exitoso. Ainda na obra *Temas da Vida e da Morte*, Miranda elucida que "... são travados debates entre o futuro reencarnante e os seus fiadores espirituais, com a exposição das dificuldades a enfrentar e dos problemas a vencer..." (Franco, Divaldo P., 2011, p. 15)

O candidato é muito bem preparado, sabe quais áreas da vida e aspectos pessoais exigirão mais cuidados, a cautela que deve tomar com pessoas difíceis que vão surgir, o refrigério de pessoas queridas que poderão auxiliá-lo.

Para a ciência materialista, a vida começa no nascimento, as doenças, as deformidades físicas, os conflitos psicológicos ou a saúde, o corpo físico saudável, o equilíbrio psicológico, as relações hostis e amistosas procedem da hereditariedade, da genética (alteração no gene) e do meio ambiente (família, amigos, escola). Nesta proposição, os filhos são passivos diante da hereditariedade e do meio social, isso é conhecido como vítima e azar. Independentemente de sua vontade, de seu merecimento ou desmerecimento, o indivíduo entrou em um jogo de forças incontroláveis. Uma parte de seu destino já estava pronto antes de nascer, com muito esforço ele poderá mudar alguma coisa; esforço que aquele que nasceu em boas condições desconhece. Isto é justo?

Além deste reducionismo, o Espiritismo faz luz nessa confusão, como foi demonstrado acima a respeito da imortalidade e da reencarnação, pois antes de nascer o indivíduo já possui uma história milenar que caracteriza sua personalidade: introversão, extroversão, sociabilidade, comunicabilidade, afetividade, saúde, doença, equilíbrio... Tais características não são herdadas dos pais ou da sociedade atual, mas das vidas anteriores do reencarnante.

Portanto, ele não é vítima, azarado e nem sortudo de estar em uma péssima ou boa situação. O Benfeitor Miranda deixa bem claro a responsabilidade do indivíduo em suas várias vidas e como elas repercutem no presente: "Cada espírito é legatário de si mesmo. Seus atos e sua vida anterior são os plasmadores da sua nova existência corporal, impondo os processos de reabilitação, quando em dívida, ou de felicidade, se em crédito, sob os critérios da Divina Justiça." (Franco, Divaldo P., *Temas da vida e da morte*, FEB, 2011, p. 37)

Do mesmo modo que cada novo dia sucede o dia anterior sem grandes alterações, as mudanças de uma para outra encarnação não são drásticas, as características dominantes da personalidade do reencarnante são preservadas temporariamente. É claro que na perspectiva evolutiva, estamos sempre mudando. Uma mesma experiência pode ser transformadora na vida de uma pessoa e insignificante na de outra. Podemos otimizar nossa melhora ou seguir o curso do tempo, que pode ser mais demorado. De acordo com Chico Xavier em *A Terra e o Semeador*:

> Pergunta: O homem somente progride por esforço próprio ou também por uma contingência da vida?
> Chico Xavier: Progride através desses dois impulsos. Apenas devemos considerar que, pelas contingências da vida, ele terá um progresso comparado ao da pedra rolante no rio; com o tempo, uma pedra deixará suas arestas no rio natural, enquanto que com os instrumentos chamados ao aperfeiçoamento da pedra, o enriquecimento dessa mesma pedra preciosa se faz muito mais direto. Por esforço próprio podemos realizar em alguns anos aquilo que, pelas contingências, podemos gastar milênios. Mas, pelo esforço próprio, o esforço de dentro para fora é o esforço do burilamento pessoal, através da autocrítica, do autoexame. Agora, com o tempo, é de fora para dentro: gastaremos séculos e séculos, e mais séculos. (1981, p. 132)

ASCENDÊNCIA ESPIRITUAL DA VIDA

As condições de formação do corpo e da personalidade do reencarnante são atribuídas às condições de hereditariedade, genética, ambiente e educação, jamais imaginado que tivessem ascendência espiritual, isso há de chocar os cientistas quando se depararem com esta realidade. Na obra *Temas da Vida e da Morte* aprendemos que:

> Saúde e enfermidade, beleza e feiura, altura e pequenez, agilidade e retardamento, como outras expressões da vida física, procedem do Espírito que vem recompor e aumentar os valores bem ou mal utilizados nas existências pretéritas.
> Além desses, os comportamentos e as manifestações mentais, sexuais, emocionais decorrem dos atos perpetrados antes e que a reencarnação traz de volta para a indispensável canalização em favor do progresso de cada ser.
> As alienações, os conflitos e traumas, as doenças congênitas, as deformidades físicas e degenerativas, assim como as condições morais, sociais e econômicas, são capítulos dos mecanismos espirituais, nunca heranças familiares, qual se a vida estivesse sob injunções do absurdo e da inconsequência. (Franco, Divaldo P., 2011, p. 37)

Levando-se em conta que a ciência se mantém presa ao campo dos efeitos da vida presente, enxergando somente as ocorrências atuais, não alcança o fato de que os efeitos atuais têm origem nas causas de vidas anteriores e da vida presente.

Erros e crimes que são cometidos no presente, mas não são julgados pela justiça terrena, não são apagados da consciência do infrator, ressurgindo posteriormente, como explica Miranda.

> Dramas e tragédias, crimes e ações nefandos que passaram ignorados ou não justiçados pelos códigos humanos, convertem-se em processos psicopatológicos que se manifestam em forma de desequilíbrio no endividado, sem que haja fatores ancestrais que justifiquem o desconcerto. (Franco, Divaldo P., Manoel P. de Miranda, *Temas da vida e da morte*. FEB, 2011, p. 43)

É comum encontrar pessoas que alimentam o medo de ficar loucas de um momento para outro, por causa de crises pessoais esporádicas ou porque ouviram casos de criaturas que surtaram repentinamente. Esse pensamento é assustador, porque parece que estamos à mercê de fatores incontroláveis como os do corpo físico e dos estressores sociais, em um estado de plena passividade em que não podemos fazer nada, e por outro lado nos isentamos de qualquer parcela de responsabilidade, como se fôssemos presas de forças cegas.

As perturbações graves de personalidade que o indivíduo apresenta desde o nascimento ou que aparecem ou se acentuam ao longo da vida são reflexos de erros, de crimes, de vícios, de abusos passados e presentes impressos no perispírito que eclodem ante vários desencadeadores, como disserta Miranda em *Nos Bastidores da Obsessão*.

> O enfermo mental, classificado em qualquer nomenclatura, é espírito perseguido em si mesmo, fugitivo das

> Leis Divinas, refugiando-se numa organização psíquica que lhe não resiste aos caprichos e se desborda em alucinações, até à alienação total. Muitas recordações infelizes de existências passadas podem, repentinamente, assomar à consciência atual, libertadas dos depósitos da subconsciência, criando estados patológicos muito complexos. Essas evocações podem tomar dois aspectos distintos: remorso inconsciente a se manifestar em forma de autopunição, como buscando reparar o mal praticado, e recordação tormentosa, persistente, gerando a distonia da razão, o desequilíbrio do discernimento. (Franco, Divaldo P., 1997, p. 134)

Para mais esclarecimento e fonte de pesquisa, no capítulo 1 da parte 2 deste livro, mais adiante, há o exemplo de Yvonne Pereira,[3] que se lembrava do marido, do pai e da casa que havia morado na vida anterior. Tais lembranças objetivavam a ela não esquecer o erro cometido na vida passada e a não reincidir no mesmo.

Inconsciente invadindo o consciente?

Em *Tramas do Destino* o Benfeitor Miranda discorre sobre casos mais graves em que conteúdos do inconsciente des-

[3] - Nascida no ano de 1900, no Estado do Rio de Janeiro, Yvonne do Amaral Pereira é uma das médiuns de maior destaque do Brasil. Por meio de sua mediunidade e estudos foram concebidas diversas obras com base na Doutrina Espírita.
Divulgadora ativa do Espiritismo, Yvonne Pereira procurou sempre vivenciar a mensagem que divulgava até sua desencarnação, aos 84 anos, também no Rio de Janeiro. (**Fonte:** Wantuil, Zêus. *Grandes Espíritas do Brasil.*) Dados obtidos no portal da FEB – Federação Espírita Brasileira. Entre os vários livros, *Memórias de um Suicida* é obra-prima da literatura mediúnica.

locam-se à zona consciente provocando transtornos gravíssimos. Tudo indica que tal processo se dá tanto ao indivíduo que vai reencarnar quanto à pessoa reencarnada. A confusão mental e os pensamentos desconexos do esquizofrênico não seriam a mescla de ideias perturbadas do passado e do presente?

Em relação ao quadro do delírio, a pessoa acredita-se perseguida, ridicularizada, ou que seus órgãos estão sendo extraídos. Trata-se de um fenômeno cerebral, obsessão espiritual, experiências no umbral ou reflexos de crimes praticados em outra vida?

No caso da alucinação auditiva, em que o sujeito é ofendido e ameaçado, ou recebe ordem para cortar os próprios dedos, trata-se de uma perturbação mental ou espiritual? A área dos transtornos mentais da vida atual, do passado e da obsessão espiritual é muito nebulosa. Os exemplos de esquizofrenia, delírio e alucinação são comuns nos casos psiquiátricos e na obsessão espiritual. O texto referido pelo Benfeitor discorre:

> Durante a reencarnação, em que se apagam, normalmente, as lembranças transatas, aquelas de naturezas criminosas desatrelam-se de permeio com as construções mentais do cotidiano, gerando perturbações, receios aparentemente infundados para o observador comum, aumentando a pouco e pouco sua liberação quase total, reincorporando-se à personalidade, agora em forma de pensamentos atuais, tumultuados, desconexos.
>
> O paciente, incurso em tal processo, se concentra no obscuro poço das recordações, delírios, porque são invadidos os centros da consciência pelas fortes impressões desagradáveis, trágicas, de que se desejava libertar.
>
> Desaparecem os contornos das aquisições do momento, enquanto ressumam as experiências arquivadas, que

> passam a governar em desalinho as reações da emotividade do 'eu' consciente, produzindo a alienação. (Franco, Divaldo P., Manoel P. de Miranda, *Tramas do destino*, FEB, 1993, p. 63)

A irrupção desse processo é acionado por determinados estímulos que fazem evocar no inconsciente os tormentos adormecidos. De acordo com o Benfeitor Miranda:

> Sua reativação, mesmo por processos indiretos – determinados objetos e pessoas, acontecimentos e expressões ocasionalmente produzem associações de ideias por semelhança, conseguindo projetar na consciência atual as imagens correlatas que dormem sepultadas nos escaninhos da 'memória extracerebral', trazendo-as de volta –, faz que o enfermo se autopiade do que lhe ocorre no seu mundo íntimo de sombras e receios, criando as auto-obsessões, geratrizes das psicoses várias... (Franco, Divaldo P., Manoel P. de Miranda, *Tramas do destino*, FEB, 1993, p. 64)

No Espiritismo, este fato é denominado fenômeno anímico, que são as expressões da própria alma. O estudioso Alberto de Souza Rocha refere que "... todas as perturbações que alteram afetividade, percepção, raciocínio não deixam de ser ocorrências que estão na esfera do psiquismo. A auto-obsidiação, os casos de psicose obsessiva, por exemplo." (Rocha, A.S., *Espiritismo e psiquismo*, Correio Fraterno, 1993, p. 37) E para complementar, citamos Joanna de Ângelis que corrobora com este estudo do animismo.

Permitimo-nos, porém, acrescentar que, também através da concentração, da oração, da meditação, e durante alguns transes nas tentativas das experiências mediúnicas, o inconsciente faculta a liberação de várias das impressões que nele jazem, dando origem aos fenômenos anímicos, estudados cuidadosamente pelo nobre Codificador do Espiritismo, com muita justiça, um dos identificadores dos arquivos do Inconsciente, embora sob outra designação. (Franco, Divaldo P., Joanna de Ângelis, *Vida:* desafios e soluções, LEAL, 1997, p. 86)

06. Causas da Erraticidade

A descrição dos Benfeitores Espirituais a respeito das regiões espirituais inferiores leva a inferir que o estágio em tais locais deixa muitos desencarnados desequilibrados, como assevera Miranda em *Temas da Vida e da Morte*: "Se procedente das experiências sofridas fora do corpo, quando na Erraticidade inferior, as recordações pavorosas criam condicionamentos viciosos que atemorizam..." (Franco, Divaldo P., 2011, p. 58) Em *Reencontro com a Vida*, Miranda novamente informa que a vivência em tais regiões é "caracterizada por inauditos padecimentos que a imaginação humana nem sequer pode avaliar..." (Franco, Divaldo P., 2006, p. 87)

Há de se considerar que o ingresso nessas regiões espirituais é o desconcerto moral, emocional e comportamental, não a casualidade.

Quantos encarnados são maldosos e cruéis em suas atividades profissionais, familiares e sociais? Há pais que estupram filhas, parentes que se agridem ou se matam por causa de pontos de vista ou por causa de dinheiro... Agentes desviam dinheiro da educação e da saúde causando sofrimentos. Pessoas inescrupulosas comercializam medicamentos falsos que levam à doença e à morte. Empresários que levam concorrentes à falência, causando desemprego e fome. Bandidos cruéis atemorizam e agridem suas vítimas. Há criaturas que brincam com o sofrimento dos animais. Para onde essas pessoas esperam ir após a morte do corpo físico, se foram maldosas? Esperam lugares felizes? Vão para lugares condizentes com sua conduta, cuja população se constitui dos mesmos padrões de perversidade, traição, frieza, egocentrismo, cuja descrição encontramos na obra *Nas Fronteiras da Loucura*:

> Dessas multidões que pervagam, desenfreadas e em demorado aturdimento, constituindo centenas de milhões de seres em trânsito, vivendo o estado de erraticidade inferior, são arrebanhados para lugares ermos, cavernas e pantanais do planeta; os culpados e os tombados nas armadilhas da leviandade, pelos seus pares e algozes desencarnados, que os exploram e seviciam em colônias específicas por sua maldade construídas, nas quais fazem supor tratar-se de purgatórios e infernos, governados por verdadeiros gênios do mal, embora transitórios, que se não dão conta de que foram criados para a glória do bem e para o amor. (...) A vida mental, nessas esferas de intranqüilidade e nas suas colônias de terror, atinge inimagináveis expressões de vileza e primarismo, nas quais a crueldade assume proporções de insânia imprevisível. (Franco, Divaldo P., 2001, p. 166)

O ambiente dessas regiões espirituais inferiores por si só é altamente perturbador uma vez que as pessoas que ali ingressam, atormentadas por suas realizações malévolas, dão vazão aos crimes praticados que estão (escondidos) em suas mentes. Elucida André Luiz que "todos os delinquentes deitam de si oscilações mentais de terrível caráter, condensando as recordações malignas que albergam..." (Xavier, Francisco C., André Luiz, *Mecanismos da mediunidade*, FEB, 2003, p. 171) Em outras palavras, as lembranças dos crimes realizados são materializados, ganhando forma, movimento, cheiro, sons...

O indivíduo que estagia em tais regiões não irá encontrar compaixão, amizade, solidariedade, mas crueldade, desordem, perseguição. Em um trabalho assistencial a determinada cidade espiritual inferior, André Luiz, em *Libertação,* revela aspectos do lugar e de seus habitantes:

> Rostos horrendos contemplavam-nos furtivamente, a princípio, mas, à medida que varávamos o terreno, éramos observados, com atitude agressiva, por transeuntes de miserável aspecto. (...) Mutilados às centenas, aleijados de todos os matizes, entidades visceralmente desequilibradas, ofereciam-nos paisagens de arrepiar. (...) Impressionado com a multidão de criaturas deformadas que se enfileiravam sob nosso raio visual. (...) Com respeito aos Espíritos que se mostram nestas ruas sinistras, exibindo formas quase animalescas, neles reparamos várias demonstrações da anormalidade a que somos conduzidos pela desarmonia interna. (Xavier, Francisco C., 1995, Cap. 4)

Na mesma obra, os casos graves de psicopatologias, anormalidades, aberração, crueldade fermentados nestes antros são elucidados pelo Benfeitor Gúbio.

> Um médico do mundo surpreenderia aqui, às centenas, casos de amnésia, de psicastenia, de loucura, através de neuroses complexas, alcançando a conclusão de que

toda a patogenia permanece radicada aos ascendentes de ordem mental. (Xavier, Francisco C., 1995, cap. 4)

A conduta irregular, o desrespeito às leis, o prejuízo causado à vida alheia e social, os crimes praticados favorecem a consciência de culpa, produzindo tormentos de autopunição. Por tais condutas, somadas à vivência nestas regiões de sofrimento, faz-se compreensível que possa haver sequelas desestruturadoras da personalidade. Eis alguns exemplos do comportamento humano derivados do estágio nessas províncias: ausência, lembranças pavorosas, desconfiança de todos, sensação constante de tramas contra a pessoa, pessimismo, falta de perspectiva, violência, ideia de maldade em tudo e a sua prática, pesadelo, sonho com as regiões onde estagiou, encontro com comparsas ou perseguição por obsessores. Trata-se de uma pessoa inquieta, atormentada, infeliz, em permanente agitação.

O Umbral também propicia alijar as ilusões, as fantasias, a prepotência, a rigidez, auxiliando no despertar pessoal. Assim, os reencarnates voltam à experiência carnal com propostas de renovação, centradas na melhoria pessoal, suportando a privação do supérfluo.

07. Causas da vida presente

As várias encarnações que tivemos se encadeiam entre si, a vida atual é influenciada pelas vidas anteriores e a vida presente refletirá em encarnações futuras, como explica Kardec em *A Gênese*: A pessoa "renasce a partir do ponto em que deixou seu progresso anterior..." (Kardec, Allan, LAKE, cap. 11, item 21, 2005, p. 182) As conquistas de qualidades ou os erros cometidos se apresentam na atualidade em forma de aptidões e tendências, do mesmo modo que as realizações atuais esboçam o futuro.

A conduta atual é formadora de desditas ou experiências enriquecedoras que refletem na existência atual, em forma de sofrimentos, limites, alegria, clareza mental... Podendo ser transferido para outras existências em forma de comportamento inatos. "... as conquistas e os prejuízos de cada experiência se refletem na imediatamente posterior, exigindo maior contribuição do ser para depurar-se e desenvolver outros segmentos que nele jazem aguardando oportunidade." (Franco, Divaldo P., Joanna de Ângelis, *Vida:* desafios e soluções, LEAL, 1997, p. 18)

É importante salientar que a influência da vida anterior no presente não nos torna autômatos seguindo cegamente o passado, se utilizarmos o livre-arbítrio para fazer escolhas e buscar novos caminhos. No entanto, nos casos de comprometimentos graves podem determinar transtornos de personalidade, deficiências e doenças expiatórias em que o indivíduo perde temporariamente a capacidade de escolha. Ensina Joanna de Ângelis que "Tudo começa na mente e aí estão as matrizes das próximas ações." (Franco, Divaldo P., *Autodescobrimento*, LEAL, 1995, p. 116) O que guardamos em nossa mente? Lembranças saudáveis, amistosas, amargas ou criminosas? Cultivamos que tipos de ideias e sentimentos? Escolhemos que tipo de programação na TV? Buscamos que assuntos na Internet? Nossas conversas interpessoais versam sobre o quê? Há pessoas com interesses que perfumam suas vidas, outras se envenenam o tempo todo. Sua usina mental cria que tipo de produto?

Automonitoramento

Na obra *Segredos do Espírito*, o psiquiatra espírita Jorge Andréa disserta:

> As auto-obsessões também podem ser consequência das reações de uma mesma jornada reencarnatória, onde o ser fica nutrindo ideias negativas, de modo constante, permitindo o desencadeamento de sintomas pelos reflexos condicionados adquiridos. É o caso da hipocondria, onde o paciente, em seu próprio entender carrega

> múltiplos tipos de doenças e, como tal, uma bateria inesgotável de medicamentos receitados por médicos, curiosos, amigos e anúncios de toda ordem. Nesse mesmo patamar, como nutrição defeituosa, o ciúme e o narcisismo concorrem para o desequilíbrio de conduta dum determinado ser, pela insistência e correspondente fixação de suas negatividades. (Andréa, J., *Segredos do espírito*, 1999, p. 138).

O que significa que o sujeito está egocentrado, voltado somente para suas doenças e seus problemas, maximizando-os.

O automonitoramento constante em si mesmo leva à distorção de sua percepção, o que confere importância exagerada ao que normalmente é tido como natural. É o que acontece com uma pessoa que após uma discussão acalorada sente dor de estômago ou acidez. O indivíduo "normal" sabe que os sintomas referem-se ao "bate-boca" e que logo passará. O neurótico acha que está com uma doença grave e que vai morrer. A respeito desse tipo de comportamento Jorge Andréa ensina-nos em *Enfoque Científico na Doutrina Espírita*:

> Tenho como certo e de grande importância para a ciência psíquica que o conhecimento das doenças mentais, em seus detalhes diagnósticos, tem menor significação em face do aspecto do próprio doente. Conhecer o doente, verificar seus hábitos, as suas reações em face das atividades da vida, representa um grande passo para o tratamento. (1987, p. 95)

Na psicoterapia, o psicólogo não se atém de imediato às reclamações e fantasias do paciente, primeiramente procura conhecer quem é essa pessoa, como recomenda o autor Jorge Andréa. Não adianta tratar os sintomas se o agente causador continuar a fabricar tormentos!

Vivências perniciosas

Agora apresentamos dois textos de Joanna de Ângelis, o primeiro extraído da obra *Autoconhecimento*, à página 47, onde estão descritos exemplos de comportamentos atuais desencadeadores da auto-obsessão. No primeiro, a Benfeitora fala dos efeitos das vivências nefastas que não foram elaboradas deixando sua vítima angustiada: "Insatisfação, angústia, fixações perturbadoras são o saldo das vivências perniciosas, cujas ações deletérias não foram digeridas pela consciência e permanecem pesando-lhe na economia emocional." (Franco Divaldo P., 1995) Para a ciência materialista estas emoções – insatisfação e angústia – são decorrentes do estresse ou de uma personalidade frágil. Em parte a ciência tem razão, mas não explica tudo. Porque há pessoas que passam por estresse e problemas difíceis sem se atormentar. Como salienta a Benfeitora, "são o saldo de vivências perniciosas" que podem proceder de vidas passadas e do presente. A ciência precisa saber que o ser humano traz, ao nascer, no seu inconsciente ou na sua bagagem, experiências que antecedem a vida atual. As vivências perniciosas deixam suas moléstias na psique e no corpo.

Na sequência do texto, na mesma página, conclui a Benfeitora: "Manifestam-se como irritabilidade, mal-estar para consigo mesmo, desinteresse pela vida, ideias autodestrutivas, em mecanismos de doentia expressão, formando quadros psicossomatológicos degenerativos." É importante salientar que muitas pessoas apresentam humor doentio desde a infância, evidenciando que independentemente da influência social, elas trazem tais alterações de encarnações anteriores.

No segundo texto, de *Plenitude,* Joanna de Ângelis salienta que:

> Ideoplastias enfermiças, formas-pensamento extragavantes e doentias terminam por criar uma psicosfera viciada que intoxica as pessoas, aumentando os quadros das enfermidades, estas últimas de diagnose difícil pela medicina convencional e cuja terapia terá que partir do próprio paciente, através de uma radical mudança de comportamento mental e moral, a fim de desatrelar-se das vibrações que o envolvem. (Franco, Divaldo P., *Plenitude*, LEAL, 1994, p. 86)

Sustentar ideias e emoções desequilibradas não faz mal apenas pelas representações psicológicas que possuem, mas pelo poder que guardam em sua composição. O Benfeitor André Luiz amplia as informações sobre a natureza dos pensamentos:

> A partícula de pensamento, pois, como corpúsculo fluídico, tanto quanto o átomo, é uma unidade na essência, a Subdividir-se, porém, em diversos tipos, conforme a quantidade, qualidade, comportamento e trajetórias dos componentes que a integram. E assim como o áto-

> mo é uma força viva e poderosa na própria contextura, passiva, entretanto, diante da inteligência que a mobiliza para o bem ou para o mal, a partícula de pensamento, embora viva e poderosa na composição em que se derrama do espírito que a produz, é igualmente passiva perante o sentimento que lhe dá forma e natureza para o bem ou para o mal, convertendo-se, por acumulação, em fluído gravitante ou libertador, ácido ou balsâmico, doce ou amargo, alimentício ou esgotante, vivificador ou mortífero, segundo a força do sentimento que o tipifica e configura. (...) Com o fluído mental carreiam-se desse modo, não apenas as disposições mentossensitivas das criaturas, em atuação recíproca, mas também as imagens que transitam entre os cérebros que se afinam pela reflexão natural e incessante... (Xavier, Francisco C., *Evolução em dois mundos,* FEB, 2005, p. 126)

Os pensamentos carregam informações de acordo com a intenção e o estado subjetivo do sujeito, afetando tanto o próprio indivíduo quanto o alvo de seu interesse. A esse respeito, o da ação dos pensamentos, Jesus já havia ensinado que "... todo aquele que olha uma mulher para desejá-la, já adulterou com ela em seu coração." (Dias, Haroldo D., *O novo testamento.* FEB, Mt. 5:28, 2015).

Com o conhecimento que o Espiritismo nos traz podemos sair dos comportamentos obsoletos reiterados que não agregam nada à vida atual, ao contrário dificultam nosso progresso. Conscientes disso, podemos arquitetar um futuro mais equilibrado, mais harmonioso e promissor com as escolhas e os esforços que fazemos no presente para superar nossas imperfeições e desenvolver capacidades que sirvam de instrumentos úteis ao nosso desenvolvimento.

> Vivendo bem cada momento, em profundidade, o futuro torna-se natural, acolhedor, gratificante, porquanto será conforme os atos de ontem, em reencarnações passadas, – e de hoje – na existência atual –, que alterará o mapeamento do amanhã. (Franco, Divaldo P., Joanna de Ângelis, *Autodescobrimento*, LEAL, 1995, p. 114)

De acordo com a citação podemos dizer: o futuro já começou! Sim, ele é a sequência de nossas escolhas e atitudes atuais.

Em *O Evangelho Segundo o Espiritismo*, os Benfeitores da humanidade trazem os seguintes esclarecimentos:

> Ao buscar as origens dos males terrenos, percebe-se que muitos são a natural consequência do caráter e da conduta dos que os sofrem. Quantos homens caem por causa de sua própria culpa! Quantos são vítimas do seu desleixo, imprevidência, orgulho e ambição! Quantas pessoas arruinadas pela desordem, desânimo, má conduta ou por não limitarem seus desejos!
> Quantas uniões infelizes, fruto do interesse e da vaidade e nas quais o coração não serviu para nada! Quantos desentendimentos e desastrosas disputas se evitariam com um pouco mais de calma e com menos melindres! Quantas doenças e enfermidades resultam da imprudência e excessos de toda ordem! (...) Que todos aqueles que são feridos no coração pelas contrariedades e decepções da vida interroguem friamente suas consciências. Que busquem primeiro a origem dos males que os afligem e sintam se, na maioria das vezes, não podem dizer: Se eu tivesse feito ou deixado de fazer tal coisa, não estaria nesta situação. A quem culpar então, por todas essas aflições, senão a si mesmo? Deste modo o homem

é, na maior parte dos casos, o autor de seus próprios infortúnios, mas, ao invés de reconhecer isso, acha mais conveniente e menos humilhante para sua vaidade acusar a sorte, a Providência, o azar, sua má estrela, quando, na verdade, sua má estrela é a sua negligência. (Kardec, Allan 2013, cap. 5)

08. Exemplos de comportamentos auto-obsessivos

A literatura espírita disponibiliza amplas oportunidades de apreciação e estudo no que se refere aos comportamentos auto-obsessivos. Dentre as obras recomendadas destacamos: *Loucura e Obsessão*, capítulo 7; *Psiquismo Fonte da Vida,* página 133; *Sementeira da Fraternidade,* página 38 e *Tramas do Destino*, página 67.

Os comportamentos auto-obsessivos procedem da vida presente e de vidas anteriores, eis alguns exemplos:

- Alienação
- ciúme exagerado
- cleptomaníacos
- crueldade
- despotismo
- egoístas

- esquizofrênicos
- exibicionistas
- hipocondríacos
- narcisistas
- neuróticos
- psicóticos de múltipla variedade
- viciados

A menção acima não tem a intenção de esgotar o tema, uma vez que precisamos aprofundar mais para conhecer suas nuances. Para corroborar com a ampliação deste estudo três colaborações trazem mais informações acerca da questão da auto-obsessão. O *primeiro* é proposto pelo psiquiatra espírita Jorge Andréa, que discorre assim:

> O indivíduo obstina-se em ações repetitivas, tudo a depender dos diversos graus de insistência. Esse mecanismo poderá ser traduzido como pertencendo ao capítulo das auto-obsessões, com o exagero do ciúme, do medo intenso de doenças (hipocondria) e daqueles que desejam, nas academias de musculação transformar o seu corpo com hipertrofias musculares, no caso dos homens, ou retificação das formas, no caso de mulheres. Os indivíduos fixam suas idéias nessas posições de exagero, onde o pensamento não mais permite outra atividade senão o que desejam alcançar, ficam, assim, circulando em monoideísmo doentio. (Andréa, J., *Psiquismo fonte da vida*, EDICEL, 1995, p. 133)

O exercício sadio, com o propósito de melhorar a saúde, é benéfico e desejável, respeitando o corpo sem exageros egoicos. No caso acima, trata-se mais da imagem corporal idealizada do que da saúde. Do mesmo modo que muitas pessoas exageram na hipertrofia muscular, apresentando coxas e braços enormes e inarmônicos, outras se excedem nas cirurgias plásticas chegando a perder as características pessoais, mostrando problemas na área da autoimagem.

O *segundo* tema é trazido por Miranda, em *Temas da Vida e da Morte* e trata do medo e da auto-obsessão:

> Remanescente da encarnação passada (o medo), libera os clichês arquivados no inconsciente profundo, estabelecendo alienações auto-obsessivas, em mecanismo punitivo, de que o ser sente necessidade como forma de minorar os efeitos danosos dos atos irresponsáveis e arbitrários praticados. (Franco, Divaldo P., 2011, p. 57)

O que se depreende desta assertiva é que o tormento do medo com suas vibrações danosas fazem as lembranças a elas atinentes (ao medo) surgirem no consciente, polarizando a mente nestas imagens, instalando-se a partir daí a auto-obsessão. Para bem mais compreender, é a lembrança que estava guardada na mente que passa a ser lembrada.

A *terceira* contribuição é igualmente trazida por Miranda, na obra *Sementeira de Fraternidade* em que cita alguns comportamentos auto-obsessivos listados acima, porém aprofundando explicações sobre o mecanismo que engendra a auto-obsessão. Salienta o Autor Expiritual:

> Espíritos despóticos ou viciados, precitos ou cruéis, ao se emboscarem na organização das células físicas, condicionam, através das próprias vibrações, inarmonias no

> metabolismo desta ou daquela natureza, do que decorrem desequilíbrios vários, gerando estados de perturbação íntima, engendrando distúrbios e nevroses que os fazem com tempo transformar-se em algozes ou em vítimas de si mesmos, conduzindo-se à desesperação do túmulo antecipado pelo suicídio direto ou indireto, vítimas de alucinações momentâneas ou da loucura de grande porte... (Franco, Divaldo P., 1998, p. 38)

De acordo com o esclarecimento de Miranda, o Espírito, ao reencarnar, traz traços marcantes como o despotismo e a crueldade, provindas de experiências de vidas passadas, temporárias no processo evolutivo, mas que vão afetar a formação do novo corpo. Veja que o corpo expressa o estado de ânimo do Espírito, sofrendo as alterações que este apresenta, por fim, tal alteração vai produzir a *perturbação íntima* que reflete novamente na psique.

Em *Estude e Viva*, André Luiz (Xavier, Francisco C., 1996, p. 161) demonstra como a auto-obsessão se realiza de forma sutil em nosso cotidiano, com comportamentos que de alguma forma são despercebidos na sociedade ainda doente, por isso não são evidenciados, o que nos ajuda a compreender mais esse tema pouco estudado.

> Somos defrontados com frequência por aflitivo problema cuja solução reside em nós.
>
> A ele debitamos longas fileiras de irmãos nossos que não apenas infelicitam o lar onde são chamados à sustentação do equilíbrio, mas igualmente enxameiam nos consultórios médicos e nas casas de saúde, tomando o lugar de necessitados autênticos.
>
> Referimo-nos às criaturas menos vigilantes, sempre inclinadas ao exagero de quaisquer sintomas ou impressões

e que se tornam doentes imaginários, vítimas que se fazem de si mesmas nos domínios das moléstias-fantasmas.
Experimentam, às vezes, leve intoxicação, superável sem maiores esforços, e, dramatizando em demasia pequeninos desajustes orgânicos, encharcam-se de drogas, respeitáveis quando necessárias, mas que funcionam à maneira de cargas elétricas inoportunas, sempre que impropriamente aplicadas.
Atingido esse ponto, semelhantes devotos da fantasia e do medo destrutivo caem fisicamente em processos de desgaste, cujas consequências ninguém pode prever, ou entram, de modo imperceptível para eles, nas calamidades sutis da obsessão oculta, pelas quais desencarnados menos felizes lhes dilapidam as forças.
Depois disso, instalada a alteração do corpo ou da mente, é natural que o desequilíbrio real apareça e se consolide, trazendo até mesmo a desencarnacão precoce, em agravo de responsabilidade daqueles que se entibiam diante da vida, sem coragem de trabalhar, sofrer e lutar.

Deste trecho, elencamos alguns comportamentos que caracterizam a auto-obsessão:

- pessoas que infelicitam o lar
- pessoas inclinadas ao exagero de quaisquer sintomas
- doentes imaginários
- vítimas que se fazem de si mesmas
- dramatização
- pessoas que se encharcam de drogas
- devotos da fantasia e do medo

Em seguida, ainda em *Estude e Viva* (p. 161) o Benfeitor adverte quanto à importância de nos precatar contra tais exageros da suscetibilidade.

> Precatemo-nos contra esse perigo absolutamente dispensável.
> Se uma dor aparece, auscultemos nossa conduta, verificando se não demos causa à benéfica advertência da Natureza.
> Se surge a depressão nervosa, examinemos o teor das emoções a que estejamos entregando as energias do pensamento, de modo a saber se o cansaço não se resume a um aviso salutar da própria alma, para que venhamos a clarear a existência e o rumo.
> Antes de lançar qualquer pedido angustiado de socorro, aprendamos a socorrer-nos através da auto-análise, criteriosa e consciente.
> Ainda que não seja por nós, façamos isso pelos outros, aqueles outros que nos amam e que perdem, inconsequentemente, recurso e tempo valiosos, sofrendo em vão com a leviandade e a fraqueza de que fornecemos testemunho.
> Nós que nos esmeramos no trabalho desobsessivo, em Doutrina Espírita, consagremos a possível atenção a esse assunto, combatendo as doenças-fantasmas que são capazes de transformarmos em focos de padecimentos injustificáveis a que nos conduzimos por fatores lamentáveis de auto-obsessão.

A palavra-chave neste texto são as doenças-fantasmas que criamos por conta do melindre, do perfeccionismo, da suscetibilidade que nos fragiliza diante dos enfrentamentos da vida. Nestas condições, facilmente o indivíduo se ofende agredindo seu opositor, ou se perde em ruminações, outras vezes acentua alguma dificuldade pessoal.

09. Fixação mental

Qual o papel do pensamento na saúde e na doença, nas realizações e nas irrealizações, na convivência e na solidão? Uma conquista ou uma derrota pode conduzir à motivação ou à depressão respectivamente, levando uma pessoa a prosseguir e outra a estacionar. Um abraço ou a indiferença podem ter efeitos significativos na vida de alguém. Que capacidade é esta diante de uma miríade de pensamentos conseguirmos nos deter apenas em uma ideia? Em *Ação e Reação* o Benfeitor Silas refere que "estamos ainda longe de conhecer todo o poder criador e aglutinante encerrado no pensamento puro e simples..." (Xavier, Francisco C., 1994, p. 55)

Lembro-me de quando fui aprovado na universidade, fiquei eufórico, passei a semana pensando nessa conquista, os outros assuntos recebiam pouca atenção. Parecia que minha mente era um imã que reunia somente memórias ou acontecimentos agradáveis. Do mesmo modo, as situações desagradáveis também marcam nossa vida. Em certa ocasião, quando fui assaltado no carro, fiquei chocado durante duas semanas, em todo lugar que tentava estacionar eu ficava receoso, olhava várias vezes o ambiente para me certificar de que não havia alguém ameaçador. Por outro lado, o nascimento de uma criança ou a desencarnação de uma pessoa querida, igualmente, causa impressões fortes, o tempo parece parar, ficamos detidos nas cenas. A mente fica focada na situação como se fosse a coisa mais importante.

Quantas situações sociais são favoráveis às fixações mentais perturbadoras? Vejamos alguns exemplos: um filho não atender a um pedido do pai doente que vem a desencarnar, gera autocobrança atormentadora. O aborto é causa de muita culpa. Um crime marca a mente e leva ao desequilíbrio. O erro cometido conduz à inquietação, à culpa, ao remorso, ao auto--julgamento, enfim à auto-obsessão.

Em *Mecanismos da Mediunidade* André Luiz cita vários exemplos a que estamos sujeitos:

> Uma conversação, essa ou aquela leitura, a contemplação de um quadro, a ideia voltada para certo assunto, um espetáculo artístico, uma visita efetuada ou recebida, um conselho ou uma opinião representam agentes de indução, que variam segundo a natureza que lhes é característica, com resultados tanto mais amplos quanto maior se nos faça a fixação mental ao redor deles. (Xavier, Francisco C., 2003 p. 94)

Precisamos prestar atenção a esse fenômeno e começar a ter uma dinâmica mental proativa, ser mais ágeis em resolução de problemas ou deixar de pensar em algo quando se torna improdutivo, porque após instalada a fixação mental é difícil sair.

Na obra *Nos Domínios da Mediunidade* o Benfeitor Áulus esclarece que "quando não nos esforçamos por superar a câmara lenta da angústia, a idéia aflitiva ou obcecante nos corrói a vida mental, levando-nos à fixação." (Xavier, Francisco C., 1995, p. 235) A fixação no pensamento perturbador diminui a capacidade do indivíduo discernir nas opções de como agir, pois sua mente está doente.

Continua o Benfeitor na mesma página da obra citada:

> Chegados a essa fase, o tempo como que se cristaliza dentro de nós, porque passamos a gravitar, em Espírito, em torno do ponto nevrálgico de nosso desajuste. Qualquer grande perturbação interior, chame-se paixão ou desânimo, crueldade ou vingança, ciúme ou desespero, pode imobilizar-nos por tempo indefinível em suas malhas de sombra, quando nos rebelamos contra o imperativo de marcha incessante com o Sumo Bem.

Alguns exemplos ilustram a afirmação, como nos casos de obsessões seculares, as mágoas que pessoas carregam ao longo da vida, a ovoidização do perispírito[4] por conta do ódio, a somatização por causa de conflitos pessoais mantidos há anos. Tais fixações vão desequilibrando e enfraquecendo a capacidade do sujeito de fazer escolhas.

No campo da Psicologia, certas abordagens psicológicas fazem algumas nomeações de pensamentos, análogas às

---

[4] - De acordo com Suely Caldas Schubert "Desencarnados, em profundo desequilíbrio, aspirando a vingar-se ou portadores de vicioso apego, envolvem e influenciam aqueles que lhes são objeto de perseguição ou atenção e auto-hipnotizam-se com as próprias idéias, que se repetem indefinidamente. É o monodeísmo auto-hipnotizante.
Em conseqüência, os órgãos perispiríticos se retraem, por falta de função, assemelhando-se então a ovóides 'vinculados às próprias vítimas que, de modo geral, lhes aceitam, mecanicamente, a influenciação', por trazerem os fatores predisponentes, quais sejam, a culpa, o remorso, o ódio, o egoísmo, que externam em vibrações incessantes, sob o comando da mente. Configura-se, neste caso, a parasitose espiritual." (2005, p. 102, cap.16, 1ª parte)

ideias fixas. Seguem alguns exemplos: os pensamentos automáticos, as crenças e os esquemas propostos pela Terapia Cognitiva; os Complexos dissertados por Jung; a compulsão à repetição, o conflito psíquico da Psicanálise.

De acordo com as explicações de Allan Kardec, a reencarnação é a chave para compreendermos muitos fenômenos que não são resolvidos pela ciência materialista. Determinadas desordens mentais quais confusão, compulsão, retardamento, fobia, desequilíbrio, psicopatia, têm origem nos comportamentos desequilibrados atuais que são levados para a vida espiritual em regiões de sofrimento, junto a pessoas também perturbadas, além da perseguição de obsessores cruéis.

Finalizando o texto, Áulus conclui:

> Quando nós não desvencilhamos dos pensamentos de flagelação e derrota, através do trabalho constante pela nossa renovação e progresso, transformamo-nos em fantasmas de aflição e desalento, mutilados em nossas melhores esperanças ou encafurnados em nossas chagas íntimas. E quando a morte nos surpreende nessas condições, acentuando-se-nos então a experiência subjetiva, se a alma não se dispõe ao esforço heróico da suprema renúncia, com facilidade emaranha-se nos problemas da fixação, atravessando anos e anos, e por vezes séculos na repetição de reminiscências desagradáveis, das quais se nutre e vive. Não se interessando por outro assunto a não ser o da própria dor, da própria ociosidade ou do próprio ódio, a criatura desencarnada, ensimesmando-se, é semelhante ao animal no sono letárgico da hibernação. Isola-se do mundo externo, vibrando tão-somente ao redor do desequilíbrio oculto em que se compraz. Nada mais ouve, nada mais vê e nada mais sente, além da esfera desvairada de si mesma. (Xavier, Francisco C., André Luiz, *Nos domínios da mediunidade*, FEB, 1995, p. 235)

O texto remete ao típico auto-obsediado agrilhoado às suas lembranças: culpas, acusações, derrotas, repassando sempre os mesmos filmes em sua mente – fixação mental. Os testemunhos desse disparate atravessam os vários ambientes da sociedade, pessoas que evitam o contato interpessoal, indivíduos que vivem trancados em seus quartos, criaturas desconfiadas de todos, pessoas confusas e inseguras presas em si mesmas. Falta a elas flexibilidade e autoperdão para sair da imobilização e avançar.

A vida é dinâmica e variada, sempre oferecendo oportunidade de crescimento, atividades, trabalhos, encontros para crescermos em sua pluralidade. O seu oposto, "A idéia fixa pode operar a indefinida estagnação da vida mental no tempo." (Xavier, Francisco C., André Luiz, *Nos domínios da mediunidade*, FEB, 1995, p. 234). Acautelêmo-nos contra tal paralisia.

MINHA EXPERIÊNCIA

A partir do momento em que comecei a escrever este livro, em abril/2016, percebi fortemente o ataque espiritual. Começaram a surgir pensamentos persistentes em determinados assuntos, com riqueza de detalhes, contendo imagens diversas, sons, sensações. Recebi muitas sugestões de largar minhas responsabilidades e buscar diversão.

Às vezes, passava semanas pensando em um assunto, desde a hora que acordava até a hora de dormir. Quando conseguia parar de pensar um pouco naquele assunto, aparecia outro que tomava seu lugar. Os assuntos pareciam ser a coisa mais importante da vida. Eu tinha a impressão de que se não tivesse aquilo, tudo ficaria sem graça. A vida se reduzia àqueles desejos.

No meu quarto escutava barulho de pessoas entrando e saindo. Minha esposa, várias vezes, acordava no meio da noite e dizia que havia gente no quarto.

Nos momentos de intensa fixação mental, em tais assuntos ou temas, eu sentia torpor, baixo astral, indisposição. Por vezes, sentia-me extremamente cansado para ir almoçar, fazendo o caminho a que estava acostumado.

Contudo, continuei a dar palestras, a tomar passes espirituais, a realizar o Evangelho no lar. A ajuda espiritual não faltou.

Tratamento

> – E qual o remédio mais adequado à situação? – inquiri (André Luiz), respeitoso.
>
> – Muitas dessas almas desorientadas – comentou o instrutor – por fim se entediam do mal e procuram a regeneração por si mesmas, ao passo que outras, em nossas tarefas de assistência, acordam para as novas responsabilidades que lhes competem no próprio reajuste. São os soldados feridos buscando corresponder às missões de amor que lhes visitam o pouso de restauração. Entendem o impositivo da luta dignificante a que foram chamados e, ajudando aos que os ajudam, regressam ao bom combate, em cujas linhas se acomodam com o serviço que lhes é possível desempenhar. Outras, porém, recalcitrantes e inconformadas, são docemente constrangidas ao retorno à batalha para que se desvencilhem da prostração a que se recolheram. A experiência no corpo de carne, em posição difícil, é semelhante a um choque de longa duração, em que a alma é convidada a restabelecer-se. Para isso, tomamos o concurso de afeições do interessado que o asilam no templo familiar. (Xavier, Francisco C., *Nos domínios da mediunidade*, FEB, 1995, p. 236, cap. 25)

PARTE 2

CASOS DE AUTO-OBSESSÃO

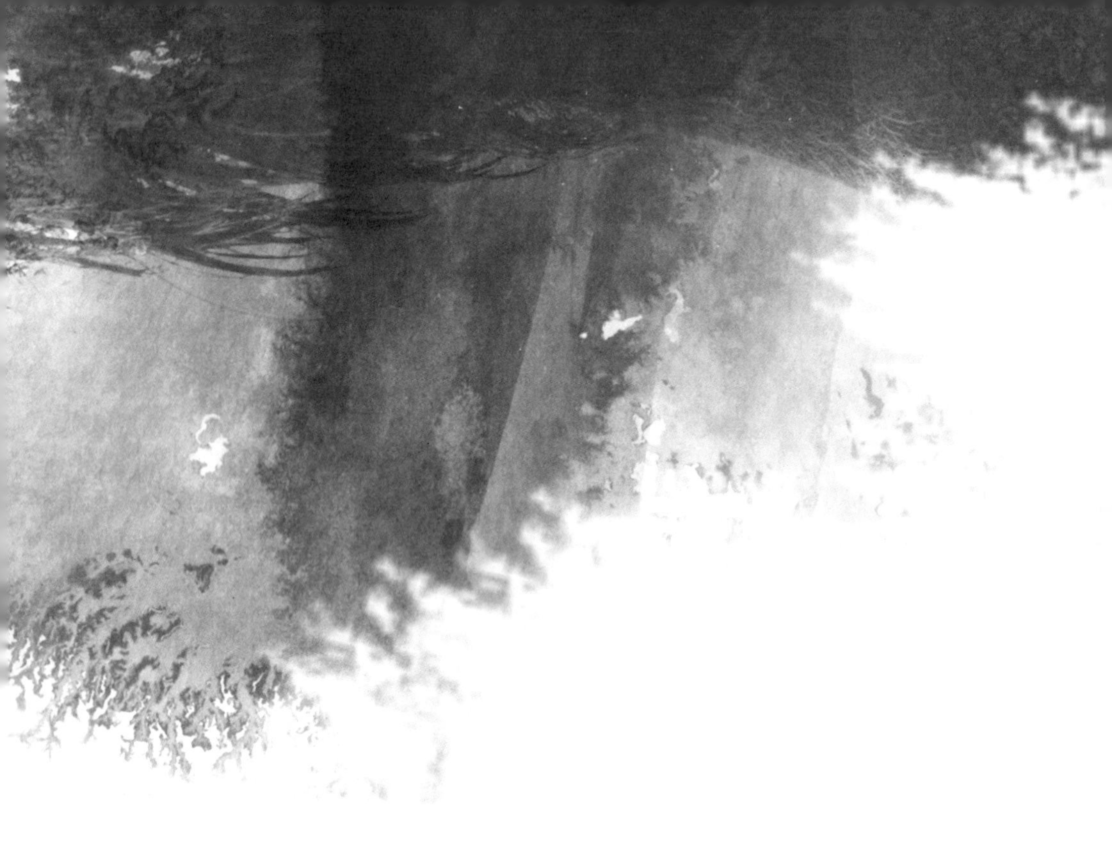

Para ilustrar o material teórico, parcial, acerca da auto--obsessão, buscamos *casos* reais extraídos dos trabalhos da médium Yvonne do A. Pereira, nos livros *Recordações da Mediunidade* e *Devassando o Invisível*. Do médium Divaldo P. Franco, nos livros *Loucura e Obsessão, Trilhas da Libertação* e *Tramas do Destino*. E do médium Francisco C. Xavier as obras *Libertação* e *Missionários da Luz*.

São 8 casos em que os protagonistas vivenciam dramas corriqueiros, ainda, no Planeta de Expiação e Provas, como desilusão amorosa, mensagens falsas, autoritarismo, traição, crimes, homicídio que se transformam em tormentos desestruturadores da personalidade de seus autores. Vemo-los no dia a dia feito transeuntes da vida torturados com suas lembranças, um pouco distantes da convivência social, com dores físicas e psíquicas nem sempre diagnosticadas, fechados em si mesmos, tentando resolver dramas inalcançáveis no momento.

É a auto-obsessão, cujo algoz esconde-se no próprio Eu; é a briga da consciência se acusando e ao mesmo tempo querendo se libertar, predominando as lembranças malfadadas em que a consciência não consegue se desembaraçar enquanto não quita os débitos contraídos. Os truques sociais tais quais a bebida, a droga, os prazeres etc. são insuficientes para arrancar o infrator de suas fixações mentais.

O Espiritismo amplia nosso conhecimento da vida, mostrando a relação entre o passado – as vidas anteriores –, e a vida atual apontando as nascentes das perturbações que têm por base as imperfeições morais (vaidade, egoísmo, orgulho...), oferecendo os medicamentos morais: a caridade, o resgate, a humildade, a solidariedade, enfim, a prática do AMOR!

01. Ex-suicida

Livro: *Recordações da Mediunidade*

A respeitável e estudiosa médium e espírita Yvonne do Amaral Pereira, que psicografou várias obras espíritas importantes, destacando o best-seller *Memórias de um Suicida*, conta suas experiências amargas da auto-obsessão desde a infância, decorrente do suicídio cometido em vida anterior. Espíritos ligados à Yvonne Pereira na vida anterior a informaram de que ela deveria se lembrar de recortes da vida passada para que não esquecesse o que fez, o suicídio. Ela detalha:

> Eu, aliás, não poderia esquecer facilmente certos detalhes de minha passada existência, porque as entidades Charles e Roberto[5] pareciam interessadas em conservá-los. De certa feita, Charles declarou mesmo, veemente e autoritário qual enérgico pai: – 'Não deixarei que esqueças certos episódios por ti vividos na anterior existência, porque será o único meio de te fazer refletir para a emenda definitiva. Não te pouparei os sofrimentos daí advindos. O que poderei fazer é ajudar-te a suportá-los com firmeza de ânimo, e isso eu o farei'. (Pereira, Divaldo P., 2016, p. 50)

---

[5] - Charles e Roberto foram pai e esposo respectivamente de Yvonne Pereira em vidas passadas.

Essas lembranças foram fontes de muitos sofrimentos que exerceram o papel terapêutico para curá-la da tragédia passada. Desde tenra idade começou a experimentar sofrimentos provenientes das lembranças do passado e da inadaptação na vida presente na qual não aceitava, como narra:

> Minha primeira infância destacou-se pelo traço de infortúnio, que foi certamente a consequência da má atuação do meu livre-arbítrio em existências passadas. E uma das razões de tal infortúnio foi a lembrança, muito significativa, que em mim permanecia, da última existência que tivera. Desde os três anos de idade, segundo informações de minha mãe e de minha avó paterna, pois com esta vivi grande parte da infância, neguei-me a reconhecer em meus parentes, e principalmente em meu pai, aqueles a quem eu deveria amar com desprendimento e ternura. (Pereira, Yvonne A., *Recordações da mediunidade*, FEB, 2016, p. 44)

Saudades do pai da vida anterior

A infância é um período muito delicado na formação do indivíduo e a relação parental dá as bases para a estruturação da personalidade. No caso em tela, os interesses espirituais se sobrepunham à instância material, pois o contato com o pai desencarnado prevalecia em relação ao pai encarnado, isso para salvar sua existência de nova queda. Tal situação causava muito sofrimento a Yvonne Pereira que se sentia dividida entre o pai encarnado e o desencarnado, entre a vida presente e a anterior, entre a residência atual e a precedente, como ela relata:

> Sentia que o meu círculo de afinidades afetivas não era aquele em que eu agora vivia, pois lembrava-me do meu pai, da passada existência terrena, a quem muito amava, pedindo insistentemente (...) para que me levassem de volta para a casa dele. Tratava-se do Espírito Charles, a quem eu via frequentemente em nossa casa. (...) Eu o descrevia com minúcias para quem me quisesse ouvir, mas fazia-o por entre lágrimas, qual a criança perdida entre estranhos, sentindo, dos três aos nove anos de idade, uma saudade torturante desse pai. (...) Se as suas aparições eram frequentes, eu me sentia amparada e mais ou menos serena, pois ele me falava, conversávamos. (...) Mas, se as aparições escasseavam, advinha amargor insuportável para mim, fato que tornou a minha infância um problema tanto para mim como para os meus. Até aos nove anos de idade não me lembro de que concordasse, de boamente, em pedir a bênção a meu pai, o da atual existência. Negava-me a fazê-lo porque – afirmava, convicta e veemente – 'Esse não é o meu pai!' (Pereira, Yvonne A., *Recordações da mediunidade*, FEB, 2016, p. 44)

Lembranças da residência

As narrações até aqui expostas aconteceram principalmente na infância, época de imaginação fértil das crianças, o que poderia ter sido levado à conta de fantasias infantis. Provavelmente, seus pais poderiam pensar tratar-se de imaginação ou rebeldia. Não tinha como os adultos discernirem acerca do que se passava com a criança. Para a Psicologia poderia ser explicado como fuga de uma realidade difícil, negação da pobreza... O estranhamento à família atual e à residência, somado às lembranças tormentosas provocadas pelo suicídio produziam em Yvonne Pereira crises atrozes.

> Reparava então, decepcionada, as paredes, muito pobres, da casa de minha avó ou as de meus pais, e, subitamente, não sei que horrorosas crises advinham para me alucinar, durante as quais verdadeiros ataques de nervos, ou o quer que fosse, e descontroles sentimentais indescritíveis, uma saudade elevada a grau super-humano, me levavam quase à loucura. Passava dias e noites em choro e excitações, que perturbavam toda a família, e o motivo era sempre o mesmo: o desejo de regressar à 'casa de meu pai', de onde me sentia banida, a saudade angustiosa que sentia dele e de tudo o mais de que me reconhecia separada. Em tais condições, não podia folgar com as outras crianças e jamais senti prazer num divertimento infantil. Em verdade não encontrei jamais, desde a infância, satisfação e alegria em parte alguma. Fui, portanto, uma criança esquiva, sombria, excessivamente séria, criança sem risos nem peraltices, atormentada de saudades e angústias, imagem, na Terra, daqueles réprobos do suicídio descritos nos livros especificados. (Pereira, Yvonne A., *Recordações da mediunidade*, FEB, 2016, p. 46)

Temor ao ver Roberto

Roberto, o marido da vida anterior, provocava sentimentos opostos: saudades, afeto, mas ao mesmo tempo temor, decorrente da consciência de culpa dos deslizes cometidos. Novamente a ambivalência sentimental:

> Entretanto, outra entidade igualmente dominava as minhas recordações durante a infância. Tratava-se do Espírito a quem eu denominava Roberto... Eu não o poderia, efetivamente, esquecer, uma vez que sua presença em nossa casa era constante, durante toda a minha infância e grande parte da juventude. Tal acontecimento aviventava estranhas impressões em meu ser, e, se demorava a revê-lo, saudades muito vivas me pungiam o coração. (...) Eu o julgava então um parente muito próximo, ao qual me sentia ligada e cuja companhia me era habitual. Grande e afetuosa atração me impelia para ele. Não obstante, detinha-me certo temor quando o via e por algumas vezes me assustei com sua presença, temi-o, e, em gritos de pavor, procurava socorro nos braços de minha avó. Mais tarde ele próprio corrigiu tais distúrbios de minha mente, afirmando que esse terror nada mais era que reflexo consciencial do remorso pelo deslize praticado contra ele em passada existência. (...)
> Assim, pois, a atuação da entidade Roberto exerceu ação poderosa sobre o meu caráter.
> Melancolia profunda acompanhou-me a vida inteira devido à sua influência, e minha consciência, reconhecendo-se culpada diante dele, negava-me quaisquer possibilidades de alegrias para o coração. (Pereira, Yvonne A., *Recordações da mediunidade*, FEB, 2016, p. 48)

Rever trechos de erros do passado

No seu aprendizado de "não esquecer" o que havia feito no passado, no trecho seguinte Yvonne Pereira se reporta a quatro fenômenos que reavivam sua mente em relação às atitudes passadas. Primeiramente, o desdobramento que a possibilitava reviver os erros da vida anterior; em segundo lugar, via trechos dos dramas provocados; em terceiro lugar, revia as dependências da casa onde havia morado na vida anterior e, em quarto lugar, revia o túmulo do ex-marido e de uma criança, levando-a ao remorso.

> Nos meus 14 e 15 anos de idade, eu residia nas proximidades do Cemitério Municipal, na cidade de Barra Mansa, Estado do Rio de Janeiro. Nessa localidade foi que se acentuaram certos fenômenos que desde a infância ensaiavam verificar-se com a minha personalidade. Frequentemente eu caía em transes espontâneos de desdobramento espiritual, durante a noite, creio que através da catalepsia parcial (sem atingir o cérebro), visto que, ao despertar, eu recordava grande parte do que então se passava. Nessas ocasiões eu via a entidade Roberto presente ao momento do desprendimento, como se fora ela a provocar o fenômeno. Uma vez completado este, levava-me não sei para onde, mas depois perdia-a de vista. Então eram revividos para mim, e eu os via novamente, com intensidade, grandes trechos do drama por mim provocado em minha anterior existência: os meus erros, as amargas consequências deles para aqueles mesmos a quem eu mais amava, minha própria felicidade destruída, a morte dele, Roberto, e de uma criança regulando seis a sete anos de idade, mortes pelas quais eu me sentia responsável, etc. Eu novamente me sentia, então, presa do remorso que infelicitou a minha consciência; e, como louca, percorria as dependências da casa em que habitei nessa passada existência, agitada por crises de desespero inconsolável (...) enquanto a sequência das ocorrências prosseguia (...) até me conduzir a um campo santo, onde eu procurava um túmulo por entre lágrimas de desespero, coberta de luto e com véus

> negros na cabeça, acompanhada de 'meu pai', ou seja, o próprio Charles. Que túmulo, porém, seria esse? Então, durante os transes, eu sabia que se tratava do túmulo dele próprio, Roberto, o túmulo da criança de seis anos, talvez o mesmo onde eu própria fora sepultada outrora. Era um grande jazigo. (...) Eu me debruçava sobre ele, em Espírito (...) e chorava em desespero. (Pereira, Yvonne A., *Recordações da mediunidade*, FEB, 2016, p. 51)

Procura de Roberto nos túmulos

Os tormentos da auto-obsessão torturavam Yvonne Pereira com vários desconcertos mentais: "pressentimento" de Roberto, angústia, sofrimento moral, ritual de visitar túmulos à procura de Roberto, saudade e confusão. Tudo isso a deixava aturdida e desgovernada.

> Entrementes, fato singular se verificou algumas poucas vezes, e que, na citada ocasião, eu não sabia compreender, mas que com o decorrer do tempo, o conhecimento mais amplo da Doutrina Espírita e a experiência adquirida no contacto da mediunidade convenceram-me tratar-se de um estado como que de expansão da subconsciência, fenômeno Psíquico, portanto, certamente mediúnico. (...) Nas citadas ocasiões, pois, eu começava pressentindo a presença espiritual de Roberto, sem contudo distingui-lo com a vidência. Subitamente entrava a sofrer angústia insuportável, durante a permanência no cemitério. Procurava dominá-la, mas era impotente para consegui-lo, porque ela existia muito dentro do meu ser, era o mesmo estado de sofrimento moral experimentado na infância e durante os desprendimentos em espírito, quando me reportava ao passado. Levantava-me

> então de onde me sentava e começava a visitar os jazigos e túmulos de mármore à procura do túmulo de Roberto. Advinha-me a certeza de que ele estava sepultado ali, que talvez estivesse vivo sob a terra, atroz saudade me torturava o coração, confusão insuportável desorientava o meu raciocínio, eu me sentia como que aérea e vaga, e chorava, acometida de dor moral deprimente, como se o coração se despedaçasse. Aprofundava-me pelo cemitério a dentro procurando os recantos mais sombrios, chamando-o sempre pelo nome, como que atingida de uma volúpia de dor e desgraça. (Pereira, Yvonne A., *Recordações da mediunidade*, FEB, 2016, p. 54)

A presença de Charles (ex-pai) e de Roberto (ex-marido) tinha a finalidade protetora, ajudando-a a não esquecer o suicídio. Roberto a auxiliava no desdobramento espiritual mediante o qual revia as seguintes cenas já vividas: os trechos dos dramas provocados por ela, que atravessava as dependências da antiga casa e se via percorrendo o cemitério à procura do túmulo de Roberto, em grande sofrimento. Além dessas experiências passou pelo conflito de negar o pai da vida presente, reconhecendo somente o pai da vida anterior. Sentia que seu círculo de afetos não era os da vida atual. Na infância, não participou das brincadeiras de sua idade, era séria, atormentada de saudades e angústias. Os tormentos que a afligia emergiam de seu mundo íntimo – auto-obsessão.

No fragmento abaixo, Dr. Bezerra de Menezes esclarece a condição do suicida como um auto-obsidiado:

> Um suicida poderá renascer em deplorável estado mental (psíquico-físico) cujos distúrbios, as mais das vezes,

crescerão diariamente, à proporção que o perispírito melhor dominar o corpo, quando não for completamente anormalizado desde o nascimento. (...) Muitos de tais pacientes dir-se-iam obsidiados. Mas em verdade não o são senão pelos próprios distúrbios conscienciais e emocionais que arrastam de uma existência a outra. (Pereira, Yvonne A., *Recordações da mediunidade*. FEB, 2016, p. 183)

Tratamento

Como as provas e expiações têm o objetivo de educar e reeducar respectivamente o infrator, a efetividade do tratamento depende dos débitos e créditos e dos esforços ou negligências do indivíduo. No caso de Yvonne Pereira, o que parecia um mal (as lembranças perturbadoras do passado), em verdade foram instrumentos importantes para ela não esquecer e nem reincidir no equívoco passado. Como ela mesma conclui no trecho seguinte, o tratamento espiritual poderia ajudá-la, mas não eximi-la das lembranças terapêuticas.

> ... bastaria uma série de passes bem aplicados, frequência às reuniões de estudo evangélico num Centro Espírita bem orientado e preces, para que tão anormal situação declinasse. Se, como é evidente, o fato de recordar existências passadas é, antes de mais nada, uma faculdade, aquele tratamento tê-la-ia adormecido em mim, desaparecendo as incomodativas explosões da subconsciência, ou talvez fosse mesmo necessária, ao meu reajustamento moral-espiritual, a conservação das ditas lembranças, e por isso elas foram conservadas. (Pereira, Yvonne A., *Recordações da mediunidade*, FEB, 2016, p. 47)

Em outro momento de sua vida o tratamento espiritual trouxe-lhe alívio em seu sofrimento, talvez, neste momento, ela reunisse condições para isso.

> Mais tarde, (...) é que esse tratamento naturalmente se impôs e, com os tradicionais passes, terapêutica celeste que balsamizou minhas amarguras de então, sobrevieram tréguas e consegui mais serenidade para a continuação da existência. (Pereira, Yvonne A., *Recordações da mediunidade*, FEB, 2016, p. 48)

Como recomendeu Jesus:

"Pedi, e dar-se-vos-á; buscai, e achareis; batei, e abrir-se-vos-á. Porque todo o que pede, recebe; e o que busca, acha; e a quem bate, abrir-se-á."(Dias, Haroldo D., *O novo testamento*, FEB, Mt. VII: 7-11, 2015)

Não há dúvida de que a Divindade nos socorre e nos motiva o tempo todo, porém, é preciso fazer a nossa parte.

02. Autismo

Livro: *Loucura e Obsessão*

O estudo aqui apresentado refere-se a um caso de autismo à luz do Espiritismo, mostrando a relação entre o comportamento desregrado de uma vida anterior e a consequência na vida atual. A ciência ainda não chegou às causas do Transtorno do Espectro Autista, provavelmente porque as causas não estejam na vida presente, apenas no corpo. Nossa intenção não é apresentar este caso como a etiologia do Autismo, mas dar uma contribuição importante levando em conta a imortalidade do ser humano e a multiplicidade das existências, pois há um encadeamento entre as várias encarnações e as personalidades que fomos e somos.

Na perspectiva materialista, o indivíduo é vítima da genética ou de problemas no parto e do meio social, essas influências existem, mas não são absolutas e nem determinantes. Na visão Espírita antes de o sujeito nascer ele já possuía o transtorno em seu corpo espiritual ou perispírito por conta de suas ações anteriores. Para bem mais compreendermos esse transtorno a Associação Brasileira de Autismo dá a seguinte definição de Autismo:

> O Autismo é um Transtorno Global do Desenvolvimento (também chamado de Transtorno do Espectro Autista), caracterizado por alterações significativas na comunicação, na interação social e no comportamento da criança. Essas alterações levam a importantes dificuldades adaptativas e aparecem antes dos 3 anos de idade, podendo ser percebidas, em alguns casos, já nos primeiros meses de vida. As causas ainda não estão claramente identificadas, porém já se sabe que o autismo é mais comum em crianças do sexo masculino e independente da etnia, origem geográfica ou situação socioeconômica. (*Cartilha direitos das pessoas com autismo*, s/d)

A explanação Espírita acerca do assunto será tratada no decorrer do capítulo pelo Benfeitor Dr. Bezerra de Menezes, juntamente com Manoel P. de Miranda, a quem participa de um "programa de aprendizado". O caso que será apresentado diz respeito ao personagem Aderson que na vida anterior prejudicou pessoas através de cartas difamatórias, e que na vida presente busca ajuda espiritual em um Templo afro-brasileiro. Miranda, quando avista o rapaz no templo, assim o descreve: "O olhar parado, denotando a demência adiantada, os músculos em rigidez, a face pálida e descarnada, a absoluta ausência do lugar em que se encontrava, demonstravam que o enfermo padecia de autismo já avançado." (Franco, Divaldo P., Manoel P. de Miranda, *Loucura e obsessão*, FEB, 1998, p. 84)

Mais adiante, continua o Dr. Bezerra:

> Estamos diante, tecnicamente, de um vigoroso processo de auto-obsessão, por abandono consciente da vida e dos interesses objetivos. Quando o indivíduo mantém

> intensa vida mental em ações criminosas, que oculta com habilidade, mascarando-se para o cotidiano, a duplicidade de comportamento faz-se-lhe cruel transtorno que ele carpe, silenciosamente. O delito, que fica ignorado das demais pessoas, é conhecido do delinqüente, que o vitaliza com permanentes construções psíquicas, nas quais mais o oculta, destruindo a polivalência das idéias, que terminam por sintetizar-se numa fixação mórbida, que lentamente empareda o seu autor. (Franco, Divaldo P., Manoel P. de Miranda, *Loucura e obsessão*, FEB, 1998, p. 84)

Os textos apresentam vários motivos que levam ao desajustamento, redundando na auto-obsessão. Para começar, o crime cometido leva a algum grau de autojulgamento do ato infeliz, produzindo desassossego pessoal. Ao reencarnar, o sujeito incorpora valores morais do seu meio social, além disso, como ensina *O Livro dos Espíritos* na pergunta 621, a Lei de Deus está em nossa consciência, portanto, não dá para fingir que não fez nada grave, ou tentar sustentar o crime sem culpa. As cenas da falta ficam gravadas na mente em constante repetição, cada vez mais, levando ao desajustamento.

O texto chama atenção para a duplicidade de comportamento, por um lado exibindo uma aparência social de pessoa comum e, por outro lado, escondendo seu comportamento criminoso.

Em sua explanação do caso supracitado Dr. Bezerra de Menezes informa que Aderson

> ... dedicou-se, na sua reencarnação passada, a urdir planos escabrosos e de efeitos nefastos contra diversas pessoas a quem levou à desdita. De início, desforçava-se

> daqueles com quem antipatizava, endereçando-lhes cartas anônimas, recheadas de acusações vis, e, exorbitando na calúnia, espalhava a perfídia que sempre encontrava aceitação nos indivíduos venais, gerando insegurança e dissabor às suas vítimas. (Franco, Divaldo P., Manoel P. de Miranda, *Loucura e obsessão*, FEB, 1998, p. 86)

Tramar *planos escabrosos* exige formar imagens mentais perturbadoras, que desequilibram primeiramente o autor que é afetado por sua produção mental. Esta intenção doentia atrai desencarnados afins, transtornados, que vão conjugar as mesmas impressões/energias doentias.

De acordo com o enredo de *Loucura e Obsessão* as cartas anônimas de Aderson levaram um marido ao suicídio, a esposa à depressão e uma jovem que não correspondeu à sua paixão à inanição e à morte.

O personagem Aderson usou do anonimato para se vingar das pessoas pelas quais nutria desafeição, atormentando-as por meio de cartas mentirosas, pensando estar imune às consequências por conta do anonimato. Julgava corretas suas ações covardes. Suas artimanhas o protegiam do julgamento dos outros, mas não o protegiam do pior tribunal, a própria consciência que guarda todos os detalhes de seus feitos. O caráter imoral e irresponsável se evidencia pela vida que Aderson levava.

> Na aparência, era um cavalheiro nobre e distinto, que o egoísmo e a desconfiança recambiavam para o celibato, vivendo de recursos herdados, num parasitismo vergonhoso, enquanto explorava os sentimentos de mulheres mais infelizes, nas quais buscava companhias pagas e prazeres de superfície. Para manter a jovialidade artifi-

> cial e o aspecto sociável, autoconvencia-se da correção das suas atitudes e cuidava-se com esmero, a fim de que nada o denunciasse. No desvio mental que se iniciava, acreditava que as suas denúncias, embora destituídas de fundamento constatado, podiam ser legítimas, tal se lhe afiguravam na volúpia da inferioridade moral. (Franco, Divaldo P., Manoel P. de Miranda, *Loucura e obsessão*, FEB, 1998, p. 88)

Além dos males que Aderson reservava a si mesmo pelos disparates cometidos, que inevitavelmente surgiriam posteriormente em forma de "consciência de culpa", devastadora, como tormentos mentais, suas vítimas desencarnadas o aguardavam na vida espiritual para o ajuste de contas. As manobras de disfarce que habilmente funcionavam nos meios de comunicação superficial da vida humana não logravam êxito mediante as leis de sintonia que aproxima os envolvidos de forma irresistível a fim de resolver suas pendências. Foi assim que acordou na vida espiritual, recepcionado por suas vítimas ensandecidas.

> Um ataque de apoplexia, após discussão acalorada com um familiar, que lhe sofria o guante, recambiou-o à Vida. Despertou sob a vista daqueles que o aguardavam ferozes, exibindo as feridas do desespero que ele lhes provocara. O suicida, a senhora e a jovem desvairada passaram a supliciá-lo com a mesma impiedade que dele sofreram a perseguição. Surpreso, ante a vida após a morte física, negou os fatos escabrosos e, mesmo sob a implacável cobrança da loucura, bloqueou a mente, em tentativa inútil de fugir ao ressarcimento inditoso imposto pela ignorância dos seus inimigos... (Franco, Divaldo P., Manoel P. de Miranda, *Loucura e obsessão*, FEB, 1998, p. 88)

Sua situação era desastrosa, pois carregava o quadro vivo de suas más ações que o denunciavam como réu, atormentado em si mesmo por tal conduta. Entretanto, não bastasse isso, padeceu a surpresa da continuidade da vida após a morte do corpo físico, encarando suas vítimas. Estas não eram mais passivas diante de sua maldade covarde do anonimato, dessa vez ele sentiu a revolta e a vingança delas a martirizá-lo. Diante da surpresa, quis recuar, negar sua perversidade, no entanto, sua mente o denunciava!

Revela o Benfeitor que não é incomum a atitude de nosso personagem:

> Incursos, neste capítulo, há muitos Espíritos que buscaram na alienação mental, através do autismo, fugir à suas vítimas e apagar as lembranças que os acicatam, produzindo um mundo interior agitado ante uma exteriorização apática, quase sem vida. O modelador biológico[6] imprime, automaticamente, nas delicadas engrenagens do cérebro e do sistema nervoso, o de que necessita para progredir: asas para a liberdade ou presídio para a reeducação. (Franco, Divaldo P., Manoel P. de Miranda, *Loucura e obsessão*, FEB, 1998, p. 89)

O olhar leigo tem a falsa impressão de que o autista vive isolado em um mundo particular, mas como nos esclarece o Benfeitor, seu mundo interior é *agitado* diante das lembranças que não se apagaram e, portanto, ecoam na consciência.

Nesse processo, podemos dividir 10 fatores que aturdiram Aderson, são eles: 1. A difamação através das cartas; 2. Vida

[6] - Modelador Biológico também denominado Perispírito.

mental em ações criminosas; 3. Duplicidade de comportamento; 4. Perda da polivalência; 5. Vida parasitária; 6. Surpresa da continuidade da vida após a morte do corpo; 7. Encontro com suas vítimas desencarnadas; 8. Negação dos erros; 9. Vivência nas regiões inferiores, e, 10. A culpa.

Passados alguns anos, após a colheita amarga, Aderson reencarnou com as marcas de suas realizações tresloucadas. Observemos a narrativa:

> Transcorridos muitos anos de infortúnio, Aderson foi reconduzido à reencarnação com todas as marcas do horror que lhe foi infligido. Refugiando-se na negação do fato como crime, já que se cria no direito de havê-lo feito e não se arrependia honestamente, imprimiu, no corpo, os limites de movimento e produziu a prisão na qual se encastela. Assomando à consciência todas as lembranças do passado, vive, nesse mundo, agora sob a injunção da culpa que o vergasta, procurando esconder-se e apagar-se, de modo a não ser reconduzido aos lugares de horror de onde foi arrancado pelo Amor, que lhe favorece a reparação noutras circunstâncias. (Franco, Divaldo P., Manoel P. de Miranda, *Loucura e obsessão*, FEB, 1998)

Dois fatores chamam atenção: o primeiro diz respeito às memórias dos erros passados que permeiam a consciência atual de Aderson, deixando-o em estado de culpa, evidenciando que ao nascer trazemos os reflexos das realizações passadas. Por fim, o medo de voltar às regiões de horror por onde estagiou poderá gerar insegurança que integrará sua personalidade.

Contudo, a obsessão espiritual sofrida por Aderson, a vivência nas regiões inferiores e a reencarnação como autista ainda não representam a reparação.

> Expiar o mal que se fez, para logo depois repará-lo, é o impositivo da Justiça Divina ao alcance de todos nós. Larga, como efeito, se faz a expiação. Caso Aderson venha a recuperar-se, surgir-lhe-á a oportunidade da reparação, edificando a felicidade pessoal nos alicerces do que possa propiciar às suas vítimas ainda mergulhadas no sofrimento. A consciência de culpa somente desaparece quando o delinqüente liberta aqueles que lhe sofreram o mal. (Franco, Divaldo P., Manoel P. de Miranda, *Loucura e obsessão*, FEB, 1998, p. 89)

No mundo físico, condicionados aos limites e à ideologia materialista, confundimos o Espírito Imortal, perfectível, com o corpo físico, mortal. Diante de uma doença ou transtorno irreversível prevalece a ideia de que não há cura, que a pessoa está condenada ao sofrimento. Todavia, o Espiritismo rompe com essa visão simplista, limitada, e afirma que o corpo é instrumento do Espírito, o sofrimento é passageiro e o Espírito sai vitorioso após resgatar seus débitos e acertar nas realizações construtivas.

No estudo do caso, questionado por Miranda a respeito da recuperação de Aderson, o Benfeitor Bezerra de Menezes elucida:

> – E ele se curará?
>
> – Os desígnios de Deus – respondeu, reflexionando – são inescrutáveis. Caso não recupere todas as suas fun-

ções, para a atual existência, melhorará as condições para os próximos cometimentos. Deveremos examinar a Vida sob o ponto de vista global e não angular, de uma única experiência física, como a atual. Da mesma forma que vamos buscar as origens dos males de hoje no passado do Espírito, é justo que pensemos na sua felicidade em termos de amanhã, considerando o presente como sendo uma ponte entre os dois períodos e não a situação única a vivenciar. Destas atitudes resulta o porvir com todas as suas implicações. Assim, lancemos para amanhã os resultados do esforço de agora. (Franco, Divaldo P., Manoel P. de Miranda, *Loucura e obsessão*, FEB, p. 90, 1998)

Tratamento espiritual

Apesar dos avanços da ciência nos tratamentos diversos, algo devastador e algumas vezes imperceptível aos limites dos cinco sentidos é a atuação dos obsessores espirituais com suas várias técnicas destrutivas que atuam sobre a pessoa desequilibrada e culpada.

O obsessor conhece sua vítima, e por ter ciência de seus pontos frágeis, pode neutralizar o tratamento médico, quando não, obsediar o médico para ministrar medicamentos ou intervenções perigosas e fatais. Por isso, é importante destacar a mudança moral, a ajuda espiritual obtida através da desobsessão espiritual e do trabalho de passe que ajuda o paciente a sair da sintonia dos obsessores, a fim de superar as induções telepáticas e as energias perturbadoras. De acordo com a explanação de Dr. Bezerra, o tratamento, mesmo aparentando não surtir efeito, sutilmente favorece o paciente.

> Apesar de serem comuns as cobranças obsessivas, paralelamente às enfermidades mentais, este paciente sofre-as menos, porque vem recebendo a ajuda desta Casa, há mais de seis meses. Aparentemente, não se registrou qualquer mudança no seu quadro geral. Todavia, sob nossa observação, descobrimos que excelentes resultados já foram logrados... Os inimigos que lhe adicionavam sofrimento, e ainda não o liberaram da cobrança que se permitem, encontram, graças à assistência espiritual que lhe tem sido dispensada, dificuldade de sintonia. (...) É que a cobertura fluídica e magnética que o envolve dificulta a vibração doentia que ele emite, não se imantando às emissões morbíficas que lhe são dirigidas. A princípio, as defesas eram breves, logo destruídas pela consciência culpada e a insistência dos perseguidores. Com o tempo tem havido assimilação vibratória dessas energias benéficas, por mimetismo natural (...) sem a intoxicação telepática dos adversários desencarnados, vêm proporcionando-lhe a revitalização mental, destruindo as paredes do mundo íntimo para onde, apavorado, fugiu, desde quando a reencarnação o trouxe à infância carnal. (Franco, Divaldo P., Manoel P. de Miranda, *Loucura e obsessão*, FEB, 1998, p. 83)

Reabilitação compulsória

> Não há quem logre dilapidar o patrimônio da ordem e do bem, sem incidir na compulsória da reabilitação, que sempre se apresenta no curso da evolução do ser, reajustando-o e ensinando-lhe o respeito e o amor à vida. Ninguém, portanto, permanece indefinidamente no mal, em razão dos automatismos que a Lei impõe, proporcionando mecanismos de recuperação. (Franco, Divaldo P., Manoel P. de Miranda, *Loucura e obsessão*, FEB, 1998, p. 85)

Mesmo o espírito mais rebelde que há séculos peleja na horda do mal, como ditador que submete seus cidadãos a servilismo vergonhoso, despertará do sono da ilusão e caminhará pela porta da expiação para depois se redimir.

03. Investigador de polícia encarnado

Livro: *Libertação*

O caso seguinte refere-se a um investigador de polícia que se valia de sua autoridade para bater em pessoas que eram submetidas à sua investigação. Com a autoridade que o cargo lhe conferia, extrapolava no uso do poder e da crueldade, humilhando e ferindo os investigados. Por conta de sua truculência, encontrava-se "dominado pelos quadros malignos que improvisou em gabinetes isolados e escuros, pelo simples gosto de espancar infelizes, a pretexto de salvaguardar a harmonia social." (Xavier, Francisco C., 1995, p. 139)

De acordo com a narrativa, é interessante apontar que ele praticava a tortura em "gabinetes isolados", longe da vista dos outros para não ser visto e recriminado, achando que se somente ele soubesse de suas barbaridades não teria problemas. Por sua vez, os débitos por ele contraídos eram de caráter pessoais, resultavam da relação entre sua consciência e os Códigos da Lei, não decorriam do olhar e do julgamento alheio. As razões para seu sofrimento estavam em si mesmo: "A memória é um disco vivo e milagroso. Fotografa as imagens de nossas ações e recolhe o som de quanto falamos e ouvimos... Por intermédio dela, somos condenados ou absolvidos, dentro de nós mesmos", adverte o Benfeitor Espiritual. (Xavier, Francisco C., André Luiz, *Libertação*, FEB, 1995, p. 139)

Sua sentença estava lavrada em sua memória com os registros de suas arbitrariedades. Ele era o réu e o juiz ao mesmo tempo, as acusações nasciam de suas lembranças. O Benfeitor Gúbio esclarece, na mesma página da narrativa: "Este amigo, no fundo, está perseguido por si mesmo, atormentado pelo que fez e pelo que tem sido." Tal perseguição é a auto-obsessão, decorrente da culpa e do autojulgamento.

Consequente a esta conduta malévola, inevitavelmente o investigador de polícia atraia entidades perversas afinadas com ele, assim também recebia a reverberação dos pensamentos de suas vítimas, tornando-o ainda mais desequilibrado. "Com a maneira cruel de proceder atraiu, não só a ira de muita gente, mas também a convivência constante de entidades de péssimo comportamento que mais lhe arruinaram o teor de vida mental." (Xavier, Francisco C., André Luiz, *Libertação*, FEB, 1995, p. 138) Nesse cenário podemos constatar uma parceria terrível, entre ele mesmo por meio da auto-obsessão e as entidades perturbadoras que o atormentavam.

No enredo da obra, não bastasse o quadro de auto-obsessão e obsessão espiritual, André Luiz nota a presença de ovoides junto ao investigador: "Registrei-lhe as perturbações cerebrais e vi, sob forte assombro, as várias formas ovoides, escuras e diferençadas entre si, aderindo-lhe à organização perispirítica." (Xavier, Francisco C., André Luiz, *Libertação*, FEB, 1995, p. 138) O ovoide é um desencarnado que perdeu a forma física por conta da fixação mental no mal, que se acopla junto ao hospedeiro (obsediado) sugando suas forças. Em *Evolução em Dois Mundos* André Luiz elucida: "... O obsessor passa a viver no clima pessoal da vítima, em perfeita simbiose mórbida, absorvendo-lhe as forças psíquicas..." (Xavier, Francisco C., 2005, p. 147)

Enquanto o investigador atendia aos apelos da vida comum, como cuidar da família, cumprir a obrigação profissional, seguir a vida social, conseguia manter a distância da consciência os abusos que cometia, não ingressando em culpa.

Todavia, com o avançar da idade os interesses exteriores perdem seu magnetismo, há uma aproximação maior com as questões internas, pessoais, obrigando o sujeito a tomar contato com as questões que foram deixadas de lado por falta de interesse ou por falta de tempo. As memórias, então, começam a aflorar trazendo de volta traumas, a saudade de alguém, a lembrança de um erro cometido, o resgate de sonhos deixados de lado. Foi o que aconteceu com nosso personagem Investigador de Polícia.

Novamente em *Libertação*, ainda à página 138, o Benfeitor esclarece: "Chegado o tempo de meditar sobre os caminhos percorridos, na intimidade dos primeiros sintomas de senectude corporal, o remorso abriu-lhe grande brecha na fortaleza em que se entrincheirava." (Xavier, Francisco C., 1995) Além da tortura pessoal que o arruinava, abrindo brecha para a intromissão espiritual. E o Benfeitor complementa: "... cada pensamento de indignação das vítimas passou a circular-lhe na atmosfera psíquica, esperando ensejo de fazer-se sentir."

Os pensamentos de indignação estão repletos dos estados de sofrimentos de suas vítimas: dores, medos, gritos, ódio, vingança... "As forças acumuladas dos pensamentos destrutivos que provocou para si mesmo, através da conduta irrefletida a que se entregou levianamente, libertadas de súbito pela aflição e pelo medo, quebraram-lhe a fantasiosa resistência orgânica...", conclui o Benfeitor.

Tratamento

A terapia proposta serve de profilaxia, porque evita que nos tornemos tiranos de nós mesmos. Lembramos o convite de Jesus: de amarmos o próximo como nos amamos.

"Só a extrema modificação mental para o bem poderá conservá-lo no vaso físico; uma fé renovadora, com esforço de reforma persistente e digna da vida moral mais nobre conferir-lhe-á diretrizes superiores, dotando-o de forças imprescindíveis à auto-restauração." (Xavier, Francisco C., André Luiz, *Libertação*, FEB, 1995, p. 139)

04. Escritor

Livro: *Libertação*

No Planeta de Expiações e Provas determinadas atividades sociais, mesmo que nocivas, não causam muito impacto porque são diluídas no desconcerto geral. Muita gente usa a internet para provocações, acusações, calúnia, sem se incomodar com as consequências, debochando dos padecentes. O hacker invade privacidades gerando transtornos e perdas. O ladrão furta fios de energia da rede elétrica causando problemas em hospitais, indústria, famílias, pouco se importando com as sequelas. Essas pessoas acham que o anonimato as protege? Será?

O Espiritismo clareia a questão ensinando que a Lei de Causa e Efeito rege nossas vidas e também as das instituições humanas e seus representantes. Para ilustrar, André Luiz, no livro *Libertação* (Xavier, Francisco C., 1995, p. 220) cita o caso de um escritor desencarnado muito perturbado que lhe pergunta:

– Permite-me indagar?

– Perfeitamente – respondi surpreso.

– Que é o pensamento?

> Não aguardava a pergunta que me era desfechada, mas, centralizando minha capacidade receptiva, no propósito de responder com acerto, elucidei como pude:
>
> – O pensamento é, sem dúvida, força criadora de nossa própria alma e, por isto mesmo, é a continuação de nós mesmos. Através dele, atuamos no meio em que vivemos e agimos, estabelecendo o padrão de nossa influência, no bem ou no mal.
>
> – Ah! – fez o estranho cavalheiro, um tanto atormentado – a explicação significa que as nossas idéias exteriorizadas criam imagens, tão vivas quanto desejamos?
>
> – Indiscutivelmente.
>
> – Que fazer, então, para destruir nossas próprias obras, quando interferimos, erroneamente, na vida mental dos outros?

A pergunta do escritor não deixa dúvida quanto ao seu estado de desequilíbrio, resultado das ideias perturbadoras por ele insufladas na vida alheia. Como desencarnado, fora das restrições do corpo físico, suas percepções *podem* ser mais amplas, seus pensamentos mais ágeis, a memória mais viva, avultando suas más ações.

Na mesma página da obra, mediante esse desconcerto do escritor, André Luiz pede para que ele se explique melhor, e ele discorre: " – Fui homem de letras, mas nunca me interessei pelo lado sério da vida." Como escritor, influenciava muitas pessoas; até mesmo sobre os leitores que gozavam do livre-arbítrio e da responsabilidade de escolha dessa espécie de leitura, o escritor tinha sua parcela de responsabilidade social quanto à influência que exercia. Há de ponderar também quanto à fragilidade ou não do leitor, pois uma palavra mal colocada pode induzi-lo ao crime ou ao suicídio. Continua o literato:

> Cultivava o chiste malicioso e com ele o gosto da volúpia, estendendo minhas criações à mocidade de meus dias. Não consegui posição de evidência, nos galarins da fama; entretanto, mais que eu poderia imaginar, impressionei, destrutivamente, muitas mentalidades juvenis, arrastando-as a perigosos pensamentos. (Xavier, Francisco C., André Luiz, *Libertação*. FEB. p. 220)

Pelo teor das ideias divulgadas pelo escritor, vê-se que os seus leitores também gostavam do lado menos sério e malicioso da vida. Em sintonia com as ideias maliciosas do escritor, o leitor não possuía defesas morais para se proteger do aliciamento.

Enquanto permanecia protegido pelo corpo físico e pelas restrições das percepções, o escritor não via a extensão de seus feitos, voltando a "enxergar" somente após desencarnar.

> Depois do meu decesso, sou incessantemente procurado pelas vítimas de minhas insinuações sutis, que me não deixam em paz, e, enquanto isto ocorre, outras entidades me buscam, formulando ordens e propostas referentes a ações indignas que não posso aceitar. (Xavier, Francisco C., André Luiz, *Libertação*, FEB, p. 221)

Toda pessoa que procura levar vantagens em cima dos outros, que busca facilidades imorais ou ilícitas, atrai esse tipo de seguidores, encarnados e desencarnados, que vão ficar no seu encalço. Daí começam muitas obsessões.

É o que acontece também com criaturas que procuram médiuns e espíritos para arranjar casamento, para separar casais, para ganhar dinheiro, para prejudicar um inimigo, são estes espíritos levianos que vão atendê-los.

O cronista descobre ao desencarnar que, com suas práticas pervertidas, ligava-se a espíritos perturbadores que o usavam para fins menos nobres. Lamenta ele:

> Compreendi que me achava em ligação, desde a existência terrestre, com enorme quadrilha de Espíritos perversos e galhofeiros que me tomavam por aparelho invigilante de suas manifestações indesejáveis. No fundo, eu mantinha por mim mesmo, no próprio espírito, suficiente material de leviandade e malícia, que eles exploraram largamente... (Xavier, Francisco C., André Luiz, *Libertação*, FEB, p. 221)

Poderíamos pensar que ele fosse uma possível vítima de tais espíritos, contudo ele é informado de que possuía "material de leviandade e malícia" suficiente para tal ligação. Mesmo que não houvesse a influência dos espíritos ele, por si só, levaria a público o vasto material inapropriado de que era portador.

O cronista fala de formas estranhas que o atormentavam, que poderiam sugerir obsessão espiritual, todavia não era, antes eram suas criações mentais perversas divulgadas por meio de seus artigos que geravam tal perturbação. Nesse caso, trata-se da auto-obsessão, pois o próprio escritor atormentava a si mesmo.

> ... certas formas estranhas me apoquentam o mundo interior, como se vivessem incrustadas à minha própria imaginação. Assemelham-se a personalidades autônomas, se bem que sejam visíveis tão somente aos meus olhos. Falam, gesticulam, acusam-me e riem-se de mim. Reconheço-as sem dificuldade. São imagens vivas de tudo o que meu pensamento e minha mão de escritor criaram para anestesiar a dignidade de meus semelhantes. Investem contra mim, apupam-me e vergastam-me o brio, como se fôssem filhos rebelados contra um pai criminoso. (Xavier, Francisco C., André Luiz, *Libertação*, FEB, p. 221)

Por fim, arremata o escritor alucinado:

> – Ei-lo! ei-lo que chega por dentro de mim... É uma das minhas personagens na literatura fescenina! Ai de mim! acusa-me! Gargalha irônica e tem as mãos crispadas! Vai enforcar-me!...
>
> Alçando a destra à garganta, denunciava, aflito:
>
> – Serei assassinado! Socorro! socorro! (...)
>
> Os demais companheiros perturbados e sofredores, ali presentes, alarmaram-se, desditosos.
>
> Houve quem tentasse fugir, mas, com uma frase apenas, sustei o tumulto que se iniciava.
>
> O pobre beletrista desencarnado contorcia-se em meus braços, sem que eu pudesse socorrer-lhe a mente transviada e ferida. (Xavier, Francisco C., André Luiz, *Libertação*, FEB, p. 222)

Tratamento

Diante da crise súbita, o Benfeitor Gúbio solicitou a um técnico que aliviasse o escritor do ataque, submetendo-o à hipnose, o que o levou ao sono logo em seguida. Lembramos que a medida foi apenas de socorro imediato, pois o caso demandava tratamento mais acurado.

05. Carência afetiva

Livro: *Trilhas da Libertação*

Para quem não passa por problemas no relacionamento afetivo, é incompreensível pensar o quanto sofrem pessoas que atravessam tal dificuldade – a de namorar. Como elas não têm *impedimentos* e, portanto, conseguem facilmente se relacionar, acham que os carentes são exigentes demais, não paqueram, não se abrem, não vão às baladas ou a eventos para conhecer pretendentes. Isso não é verdade, pois conheço pessoas carentes extrovertidas, que vão a baladas, flertam, convidam possíveis parceiros para sair e mesmo assim não dá certo. Nesse universo há os tímidos e introvertidos, que não carregam impedimentos pessoais, precisam somente de um empurrão. Contudo, me refiro aos indivíduos que possuem impedimentos, algo neles afasta os interessados.

Se não há uma causa atual que justifique o impedimento, ela está no passado. O princípio da reencarnação mostra o encadeamento que há entre as vidas anteriores e a existência atual; as dificuldades e capacidades são reflexos das realizações passadas e do presente. O carente não é um deserdado da Divindade, infortunado que está marcado por um destino injusto e irreversível, mas alguém colhendo o que semeou. Na Terra estamos condicionados a ver, parcialmente, somente os efeitos sem atinar a causa, como alude o Benfeitor Aniceto em *Os Mensageiros*: "Quando na carne, somos muitas vezes inclinados a verificar tão somente os efeitos, sem ponderar as origens. No mendigo, vemos apenas a miséria; no enfermo, somente a ruína física. Faz-se indispensável identificar as causas." (Xavier, Francisco C., 2004, p. 91)

A personagem deste capítulo, Raulinda, amarga a carência afetiva inconsolada. Foi assim que o Benfeitor Miranda a encontra no Centro Espírita, amargurada em conjecturas.

> Percebíamos-lhe o esforço para manter-se concentrada em idéias otimistas, superiores, nos textos que foram lidos ou nos comentários apresentados. A mente parecia fugir-lhe ao controle, e, acompanhando-lhe atentamente a luta, notamos que lhe assomavam do inconsciente atual os conflitos psicológicos que a atormentavam. (Franco, Divaldo P., Manoel P. de Miranda, *Trilhas da libertação*, FEB, 1996, p. 80)

Os conflitos do inconsciente atual são formados por aquilo que não aceitamos conscientemente, que vai contra nossos valores. Uma pessoa puritana deseja fazer sexo, mas como isso é considerado errado, pecaminoso, ela reprime seus desejos. Uma pessoa sente ódio de seu pai, mas aprendeu que isso é feio, então ela nega sua raiva, e disfarça ter bons sentimentos para com o pai. De acordo com a narrativa, a nossa personagem colecionava várias vivências de rejeição e abandono na área afetiva.

Miranda continua a descrevê-la, ainda da obra:

> Deveria estar com 30 anos de idade, e uma grande amargura se lhe desenhava na alma sensível. Repassava os seus sonhos e aspirações de menina-moça, que lhe pareciam sempre malogrados, e guardava no íntimo uma grande mágoa pela solidão que experimentava. Ansiava por amar e ser amada, no entanto sentia-se repelente, porque todos os rapazes que dela se aproximavam, após os primeiros contatos superficiais, afastavam-se rapidamente, deixando-a frustrada, decepcionada.

Como veremos adiante, o sentimento de repelência procedia de seu passado culposo, tornando-a desinteressante. O afastamento dos rapazes era um efeito do estado da moça, não a causa do sentimento dela.

Além do estado subjetivo de repugnância, a presença do obsessor espiritual agravava seu estado, contribuindo com o desequilíbrio pessoal.

> Enquanto lhe acompanhávamos as reflexões íntimas, percebemos a presença de taciturno Espírito, portador de uma face marcada pelo ódio, que a inspirava negativamente. Ele exercia grande controle emocional e psíquico sobre ela. Observamos, também, que lhe roubava energias do aparelho genésico, que se apresentava escuro, com manchas negras e obstruções vibratórias em vários dos seus órgãos. Ele parecia haver bloqueado com a mente atormentada canais e condutos internos, produzindo-lhe dificuldades orgânicas e, possivelmente as cefalalgias no período pré-mentrual: talvez isto lhe explicasse a palidez e debilidade de forças... (Franco,

Divaldo P., Manoel P. de Miranda, *Trilhas da libertação*, FEB, 1996, p. 81)

Estas informações ajuda-nos a compreender a luta travada por qualquer pessoa obsediada para vencer seus tormentos pessoais e a coação do obsessor. No caso de Raulinda, as áreas mais importantes da personalidade estavam sob controle do obsessor: emoção, psique, energia e corpo. A culpa que carregava do passado e o sofrimento sentimental atual deixavam-na mais frágil e sintonizada com o obsessor.

É importante ressaltar que a ação nefasta do obsessor vai ainda mais longe, ao provocar dores físicas. Podemos considerar o fato como um efeito físico? Miranda nos esclarece:

> Acompanhamos o penoso processo de vingança que exercia contra sua vítima, interpenetrando a sua mente na dela. Destilando amargura e escarnecendo-a, ele passou a controlar-lhe o centro coronário, o cerebral e o cardíaco, produzindo-lhe sudorese abundante e colapso periférico, seguidos de alteração respiratória. Subitamente comprimiu-lhe com força os ovários como se desejasse estrangulá-los, e gargalhou, estentórico. A paciente perdeu o controle e gritou, sendo logo dominada pelo sarcasmo que ele injetava na perseguição implacável. (Franco, Divaldo P., Manoel P. de Miranda, *Trilhas da libertação*, FEB, 1996, p. 81)

Este quadro, sem explicação na visão materialista, ganha sentido com as explicações e revelações do Espiritismo. A suposta vítima de hoje, Raulinda, perturbada em si mesma e assediada por um desencarnado enfurecido, foi o algoz frio – Raulinda – de ontem que desonrou seu marido. O perseguidor era o ex-marido desencarnado, traído e assassinado por ela. Portanto, o seu problema na área afetiva era de origem transcendental. Analisemos o depoimento do ex-marido:

> ... Amei a desgraçada com devoção, e entreguei-lhe a minha vida. Que me ofereceu em troca, além do adultério, da traição e do homicídio?
> Desconhecendo-lhe a pusilanimidade, confiei, e fui traído miseravelmente pela desleal, que me substituía por outros no leito, inclusive pelos servos, que me censuravam às ocultas. Quando me dei conta e ela percebeu-me a desconfiança, antes que a desmascarasse, tramou e executou a minha morte, envenenando-me. Será que alguém pode avaliar o rio escaldante de lágrimas de dor e revolta que tenho vertido? (Franco, Divaldo P., Manoel P. de Miranda, *Trilhas da libertação*, FEB, 1996, p. 128)

Raulinda, com a mente em culpa pela traição e pelo homicídio, favoreceu a obsessão espiritual que desajustou sua afetividade. A presença hostil do obsessor e o desequilíbrio interno dela dificultavam qualquer relacionamento afetivo. Eis a razão para se sentir repudiada.

O Benfeitor Dr. Carneiro Campos esclarece que a atuação do obsessor, nesse caso, afetou o perispírito e o estado de humor da adúltera desencadeando suas crises.

> O seu perseguidor foi-lhe vítima da insensatez moral, que se imprimiu nas tessituras sutis do perispírito e que ora se manifesta como insatisfação, crises periódicas de contrações, paralisias e nevralgia uterina. (...) O fenômeno fisiológico está intimamente ligado ao distúrbio psicológico, derivado da consciência de culpa. Essa im-

> põe a autoflagelação e perturba as atividades nervosas normais, dando surgimento aos estados de desequilíbrio. (Franco, Divaldo P., Manoel P. de Miranda, *Trilhas da libertação*, FEB, 1996, p. 122)

O desajuste da falta afetiva se estendeu à área psíquica expressando-se por meio da insatisfação e, no corpo, pelas crises periódicas de contrações e pela nevralgia uterina.

No que concerne à minha área, a Psicologia, a "insatisfação" é motivo de muitas queixas na psicoterapia. A investigação psicoterapêutica pesquisa a infância, a adolescência e a maioridade sem muito êxito. A insatisfação ocasional é corriqueira (no emprego, em uma discussão doméstica, em relação ao salário, no trânsito). Contudo, constata-se pessoas insatisfeitas com quase tudo tanto na vida pessoal quanto na vida social, um comportamento que parece fazer parte da personalidade, mas não é, antes se trata de desarmonias profundas.

Finalizando, Dr. Carneiro esclarece a dificuldade de distinguir a auto-obsessão da obsessão espiritual, algo que o espírita precisa estar atento para não se precipitar na avaliação e no tratamento espiritual.

> ... porque se encontra assinalada pela consciência de culpa, que gera a auto-obsessão, e pela perseguição de sua vítima, em processo de perturbação obsessiva, diagnosticamos uma parasitose espiritual. Os dois distúrbios se mesclam, tornando-se difícil estabelecer as fronteiras onde um começa e o outro termina. (Franco, Divaldo P., Manoel P. de Miranda, *Trilhas da libertação*, FEB, 1996, p. 153)

A combinação entre a auto-obsessão e a obsessão espiritual dificulta distinguir um processo do outro, porque em ambas as situações o assédio parte de mentes doentes que se valem de muitas sutilezas na ação atormentadora.

Tratamento

> ... em casos dessa natureza, em que se misturam os fenômenos perturbadores, como na maioria deles, os pacientes necessitam de uma terapia holística, que engloba a participação das diferentes áreas da ciência médica (...) e espíritas: leitura educativa, passes, água fluidificada, desobsessão e renovação íntima aplicada ao bem. (Franco, Divaldo P., Manoel P. de Miranda, *Trilhas da libertação*, FEB, 1996, p. 153)

Complementamos a citação asseverando que tanto a terapia espírita, que é de dentro para fora, que atua no espírito, no perispírito e no corpo e proporciona o equilíbrio integral, quanto a terapia de fora para dentro, que no caso da auto-obsessão como na obsessão espiritual provocam alterações orgâncias, têm sua atuação no corpo do paciente que necessita de acompanhamento médico visando ao restabelecimento da saúde.

06. Traição e homicídio

Livro: *Tramas do Destino*

Na narrativa, a personagem Lisandra era solteira, não teve nenhum relacionamento afetivo, parou de estudar por causa das perturbações pessoais, não tinha profissão e nunca tinha trabalhado. A descrição a seguir que ela dá de si mesma à sua mãe revela o sofrimento que padecia nesta vida, decorrente dos delitos do passado:

> Eu compreendo as coisas. O que se passa comigo não ocorre com pessoas normais. Eu sofro muito, interiormente. Minha mente vive inquieta e vejo-me perseguida, atrozmente perseguida. (...) Sinto asco de mim própria. (...) Odeio-me. (...) Desejo morrer, matar-me. Só não o fiz ainda (...) não agüento mais. Eu sou uma desgraçada! Toda a minha existência há transcorrido numa fuga, sob um medo íntimo, cruel, entre doenças vergonhosas... (Franco, Divaldo P., 1993, p. 162)

A apreciação que faz de si própria retrata a auto-obsessão, mas também a obsessão espiritual por sua vítima do passado. Lisandra era triste, irritável, alimentava a autocompaixão, cultivava a infelicidade e o pessimismo, tinha medo íntimo e pesadelos apavorantes.

A submissão a tais perturbações, ou seja, a atenção voltada para os males, para as doenças e o foco na autoagressão levava-a a fugir "psiquicamente à realidade, permitindo que os clichês impressos na mente subconsciente ressurgissem nebulosos, produzindo-lhe inquietação em alguns momentos e, noutros, profunda melancolia." (Franco, Divaldo P., Manoel P. de Miranda, *Tramas do destino*, FEB, 1993, p. 62)

Esta centralização nos problemas pessoais leva ao afastamento do convívio social e à supervalorização dos conflitos pessoais, de modo a desenvolver crenças na impossibilidade de sair da situação. Por isso, a importância das atividades sociais, porque ocupa a mente com afazeres que exigem atenção, vigília, responsabilidade, afastando o foco dos tormentos pessoais.

Com o desassossego que vivia Lisandra não conseguia interagir com pessoas de sua idade nas várias fases de sua vida, pois estava voltada para si mesma e para a família.

> Arredia, refugiava-se em tiques nervosos que lhe detonavam o desarranjo emocional. Pouco loquaz, tornara-se tímida, vivendo mais as contingências íntimas e as da família. Por isso, não fruíra das alegrias da mocidade, recolhida aos muros da desolação em que refundia a vida... (Franco, Divaldo P., Manoel P. de Miranda, *Tramas do destino*, FEB, 1993, p. 78)

Se conseguisse se aproximar dos outros ou se tivesse amizades, permutaria valores, partilharia experiências que a enriqueceriam com novas imagens mentais, motivadoras, arrancando-a da asfixia das lembranças enfermiças. Mas "... a psicose, que se agravava, impedindo-a de conviver com os outros, fazia-a refugiar-se em sombras, ou verter copioso, contínuo pranto." (Franco, Divaldo P., Manoel P. de Miranda, *Tramas do destino*, FEB, 1993, p. 232)

A explicação seguinte somente é possível com a elucidação do Espiritismo que amplia nossa visão da realidade, mostrando que a infelicidade da moça não se circunscrevia a meros problemas existenciais como a vida e a morte, a felicidade e a infelicidade, a dor e o prazer..., ou a questões psicológicas tais quais a autoestima, a autoimagem ou a insegurança. É a conjunção da personalidade anterior – de vidas passadas –, e a personalidade atual. Os desequilíbrios pessoais permitiam que os tormentos da personalidade anterior rompessem as comportas do inconsciente e invadissem a consciência da personalidade atual. Tais desarmonias advinham dos "seus deslizes espirituais", como explica o texto: "Não era portadora de beleza física ou de magnetismo pessoal expressivo. Ao contrário, como resultado dos seus deslizes espirituais, dela emanavam vibrações desconcertantes que desagradavam, aos primeiros encontros, quantos lhe privassem da convivência." (Franco, Divaldo P., Manoel P. de Miranda, *Tramas do destino*, FEB, 1993, p. 78)

Entretanto, as instâncias espirituais passam despercebidas pelas ciências ortodoxas que detectam apenas seus efeitos. Os problemas comportamentais de Lisandra eram efeitos dos seus deslizes, os quais geravam "vibrações desconcertantes", um aspecto igualmente estudado no item de número 5 deste livro, no capítulo referente à personagem Raulinda, na obra *Trilhas da Libertação.*

A sociedade fisicalista privilegia os aspectos exteriores como predominantes e mais importantes como o corpo, a beleza ou a feiura, os conhecimentos convencionais, a posição social, sem atentar para o "magnetismo pessoal", as "vibrações pessoais", a "aura", o "nível evolutivo" que refletem uma personalidade madura ou imatura. A partir daí é possível entender porque uma pessoa é carismática e outra é repulsiva, uma é alegre a outra é triste – fruto das realizações das várias reencarnações.

As energias pessoais advindas do estado subjetivo se sobrepõem à estética corporal. É comum encontrar uma criatura bonita que, supostamente com a beleza abre as portas para tudo, ser insossa e uma companhia desagradável. Por outro lado, uma pessoa sem atrativos físicos, desinteressante, ser carismática, atrair muita gente ao seu redor.

Na narrativa em análise, a personagem Lisandra era, de vez em quando, acometida de *ausências*, o que a deixava distante da realidade atual. Eram as memórias tormentosas do passado que a puxavam de volta às recordações dos crimes praticados. Diz Miranda:

> ... com facilidade, caía, vez que outra, em crises de 'ausência', que a distanciavam da realidade objetiva. Nesses momentos, olhar parado, fixo em cenas distantes, pálida, com sudorese abundante e fria, vertia lágrimas longas, inexplicáveis. Felizmente, tais ocorrências, de breve duração, não lhe produziam danos verificáveis, já que, passada a fase, logo se recuperava, embora algo debilitada. Após o sono que a prostrava, recuperava o brilho e a buliçosidade habituais. (Franco, Divaldo P., *Tramas do destino*, FEB, 1993, p. 34)

Os deslizes não resolvidos reapareciam pedindo solução para que ela pudesse prosseguir mais íntegra. Miranda, mais uma vez nos esclarece a respeito, na sequência da narrativa, na mesma página:

> Lisandra era dominada, em tais ocasiões, pela presença de clichês mentais gravados no inconsciente atual e ali arquivados pelos atos incorretos que os insculpiram na existência anterior, que ora deveria rever para superá-los, mediante resgate sacrificial.

As recordações também embrenhavam-se nas festas e prazeres em que Lisandra havia sido personagem importante. Havia uma mescla em suas lembranças involuntárias, entre a culpa dos crimes praticados e os prazeres diversos.

> Parecia recordar-se de prazeres nos quais fora personagem de relevo e revia-se, mentalmente, requestada, numa sociedade ociosa em que sobressaía pela beleza e futilidade, pela posição a que se guindava e pela permissividade bem disfarçada, que usufruía. Nessa situação, a memória referta de sensações orgíacas divagava, e a jovem recolhia-se com avidez à penetração, cada vez mais ansiosa, da paisagem íntima que a agradava. (Franco, Divaldo P., Manoel P. de Miranda, *Tramas do destino*, FEB, 1993, p. 62)

A vida atual privada de diversões, amizades, afetividade, profissão, junto aos sofrimentos pessoais, colaboravam para o devaneio da moça.

Diante desse quadro, os Benfeitores explicam que a "auto-obsessão decorre da necessidade que o Espírito se impõe, no processo reencarnatório, de expungir crimes perpetrados e que não foram denunciados, nem também justiçados a seu tempo." (Franco, Divaldo P., Manoel P. de Miranda, *Tramas do destino*, FEB, 1993, p. 63)

Trata-se de um processo de reparação em que a mente não suporta ficar com imagens incongruentes dentro de si. Situação similar nós vivemos quando temos uma pendência para resolver: enquanto não solucionamos, ficamos inquietos, é como se a mente mandasse sinais constantes para não esquecermos a pendência.

Ante o comprometimento psíquico de Lisandra, em que não havia limites importantes entre o consciente e o inconsciente para ela se centrar na vida presente, desajuste este promovido por ela mesma, conteúdos do inconsciente invadiam sua mente atual, a consciência, e esta mergulhava nas recordações que a alienava do presente. Assim, diante desse desgoverno da moça, a intromissão obsessiva se fazia presente.

> Com os centros da emotividade seriamente desconectados e com os registros da memória inconsciente em desgoverno, fácil lhe eram o desequilíbrio, a aquiescência às interferências espirituais negativas, ao comando direto dos adversários desencarnados que a exploravam. (Franco, Divaldo P., Manoel P. de Miranda, *Tramas do destino*, FEB, 1993, p. 221)

De acordo com o enredo da obra, a obsessão espiritual agravava o estado de Lisandra com o acréscimo de aflição, de ódio – a sede de vingança dos obsessores. O adversário mais ferrenho vinculado a ela era um dos ex-amantes da vida anterior, que se imantava a ela em processo de vampirização. Ainda em *Tramas do Destino,* mais elucidações a respeito:

> Com a imantação psíquica defluente do processo obsessivo de longo curso, a vampirização espiritual se desenvolvia, dominadora, minando-lhe as defesas mentais e orgânicas, numa problemática destrutiva, com que a vingança dos enfermos espirituais se desforçava dos padecimentos sofridos...

O obsessor era Ermínio, assassinado por Lisandra, e o seu marido na vida passada. O outro amante e obsessor, também assassinado por ela pelo envenenamento, foi Jean-Marie de Rondelet, que na vida presente nasceu como o irmão de Lisandra – Gilberto.

O esposo de Lisandra na vida passada reencarnou como pai dela na vida presente, despertando o Complexo de Electra[7] muito forte entre ambos. Daí o quadro perturbador de Lisandra – o de ter sido adúltera e homicida!

Posteriormente, Ermínio, o obsessor, foi separado de Lisandra através da desobsessão realizada no plano espiritual, contudo a moça carregava algumas sequelas que exigiram tratamentos em três áreas. Primeiramente, os danos provocados no

---

7 - "... desejo sexual ou amoroso da criança pelo genitor do sexo oposto e sua hostilidade para com o genitor do mesmo sexo. Essa representação pode inverter-se e exprimir o amor pelo genitor do mesmo sexo e o ódio pelo sexo oposto." *Dicionário de Psicanálise* – Elisabeth Roudinesco e Michel Plon. Nota do autor: No complexo de Édipo, o filho se sente atraído pela mãe, e no complexo de Electra, a filha se sente atraída pelo pai.

perispírito por conta do assédio espiritual: "Apesar de havermos separado Ermínio (...), a partir deste momento passaremos a remover os fulcros da obsessão, imantados ao perispírito de Lisandra." (Franco, Divaldo P., Manoel P. de Miranda, *Tramas do destino*, FEB, 1993, p. 218)

Em segundo lugar, tratar a psicose maníaco-depressiva, hoje denominada transtorno bipolar: "Considerando-se, porém, as próprias fixações advindas do inconsciente, em razão dos débitos que ocultou, a psicose maníaco-depressiva exigirá tratamento especializado, em Casa de Saúde própria." (Franco, Divaldo P., Manoel P. de Miranda, *Tramas do destino*, FEB, 1993, p. 218) Finalmente, os danos causados por tais perturbações e a obsessão espiritual em sua mente:

> Além do mais, é imperioso termos em vista que a constante, demorada indução hipnótica exercida por Ermínio contra ela, a intoxicação produzida pelos seus fluidos deletérios, a quase simbiose psíquica, perturbaram o equilíbrio da delicada tecelagem mental. (Franco, Divaldo P., Manoel P. de Miranda, *Tramas do destino*, FEB, 1993, p. 65)

Todos esses apontamentos são importantes para advertir quanto à gravidade da obsessão espiritual e suas sequelas. Muitas pessoas, ao fazerem a desobsessão espiritual no Centro Espírita, são orientadas à mudança de comportamento, à prática da caridade, enfim, à melhoria pessoal para sair da sintonia obsessiva, todavia, não levam a sério o tratamento, uma vez que desejam apenas que os Benfeitores afastem os obsessores sem o esforço do interessado.

Tratamento

Além da expiação manifesta em forma de tormentos pessoais, algumas condições talvez fizessem parte da terapêutica reencarnatória de Lisandra, tais quais a carência afetiva, a dificuldade de se relacionar, a impossibilidade de estudar e a irrealização profissional. São limites que afetam a autoestima, a autoconfiança, a autoimagem. Conquanto tais terapêuticas restritivas reeduquem a personalidade, a terapia espírita renova o espírito por dentro, conforme propõe Miranda:

> Em problemas desta natureza, a terapêutica sempre deverá iniciar-se pela conscientização do paciente, reeducando-se-lhe a vontade, disciplinando-o e motivando-o à aquisição de idéias nobres, mediante o exercício de leituras salutares, diálogos otimistas e positivos, oração e reflexões nobres, passando-se à fluidoterapia ou realizando-a simultaneamente, pelo processo dos passes, da água fluidificada, utilizando-se também, a laborterapia e, em casos mais graves, os específicos da técnica psiquiátrica. (Franco, Divaldo P., Manoel P. de Miranda, *Tramas do destino*, FEB, 1993, p. 218)

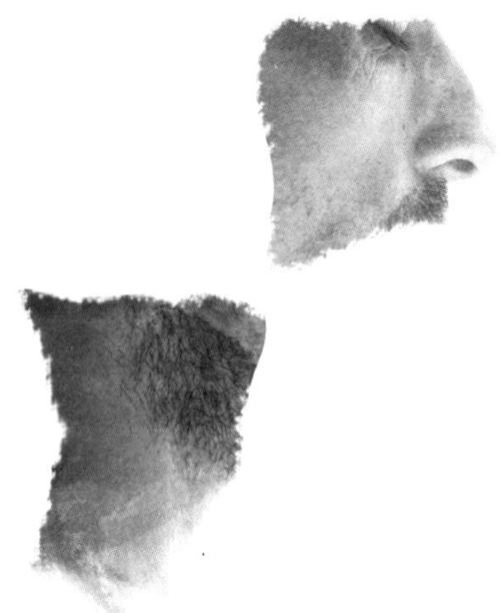

07. Os dez criminosos

Livro: *Devassando o Invisível*

Na obra, Yvonne Pereira traz preciosa contribuição ao estudo da auto-obsessão, contando sua experiência obtida fora do corpo, em desdobramento espiritual, com dez desencarnados criminosos auto-obsediados. Ela conta que foi

> ... arrebatada em espírito para visitação a entidades desencarnadas obsessoras, já em vias de arrependimento. (...) Aquelas entidades visitadas, porém, se encontravam apavoradas ante as conseqüências do longo percurso pelos canais do crime (...), pois vinham todas, desde época recuada, servindo ao mal, não apenas no estado humano, terreno, mas ainda durante o estágio no plano invisível. (Pereira, Divaldo P., 1987, p. 88)

Demais trechos do livro que serão descritos aqui mostrarão o grande sofrimento destes espíritos que ainda não se arrependeram, pois estão em "vias de arrependimento". O sofrimento e o arrependimento são instrumentos que vão arrancá-los da ilusão, dos maus hábitos, da arrogância e da maldade. Para aqueles que acreditam que a pessoa ou o espírito tem uma "índole" boa ou má, vai compreender que tais condições são decorrentes das experiências adquiridas em determinados papéis ou situações que formam hábitos, crenças, traços, índole, idiossincrasia... Isso significa que a pessoa de "boa índole" construiu essa condição com muito esforço, ou seja, é o resultado da evolução, não da gratuidade. Do mesmo modo, a "pessoa má" não está condenada eternamente a essa condição, uma vez que a maldade tem base na falta de evolução, com o predomínio da matéria sobre o espírito, de acordo com a "escala espírita" referida em *O Livro dos Espíritos* (Kardec, Allan, 2013, pergunta 101):

> Pergunta 101. CARACTERES GERAIS.
> Predominância da matéria sobre o Espírito.
> Propensão ao mal. Ignorância, orgulho, egoísmo e todas as más paixões conseqüentes. Têm a intuição de Deus, mas não o compreendem.
> Nem todos são essencialmente maus; em alguns, há mais leviandade.

Com a evolução realizada por meio das experiências, os traços inferiores vão sendo superados. O Benfeitor André Luiz ensina que os Espíritos culpados recebem "de retorno, os estranhos padecimentos que criaram no ânimo alheio." (Xavier, Francisco C., *Mecanismos da mediunidade*, FEB, 2003, p. 171), exemplo ilustrado por Yvonne Pereira que volta a explanar:

> Vibratoriamente, encontravam-se muito fracas (...) certas da própria culpabilidade, atormentadas pelas visões alucinatórias dos crimes praticados. Essas visões, (...) nós as víamos (...) infestando o perímetro em que permaneciam. Eram dramáticas: contendas, lutas corporais, assaltos, seduções de menores, roubos, assassínios,

> obsessões, suicídios! Ou obscenas, sórdidas, vis, maléficas, atrozes! (Pereira, Yvonne A., *Devassando o invisível.* FEB, 1987, p. 89)

Queremos frisar a citação de André Luiz, no que se refere ao culpado sentir os "estranhos padecimentos" que provocou na vida alheia. Com isso, ao sentirem em si a proporção da dor provocada nos outros, aprendem dessa forma a ver o outro com mais sensibilidade e empatia. E o fenômeno da projeção psicológica aparece como lembretes para não deixá-los esquecer suas atrocidades – reconhecer ao seu entorno o que guardavam em seu mundo interno.

> ... tétrico e singular cemitério, pois que do solo fétido e lodoso emergiam mãos humanas súplices, cabeças desgrenhadas, de olhos aterrorizados, bradando por socorro e piedade, cadáveres estirados, a se desfazerem em sangue e matérias putrefatas, que encharcavam a terra, e braços e pernas humanos dispersos por aqui e por ali... (Pereira, Yvonne A., *Devassando o invisível*, FEB, 1987, p. 92)

Para a ciência oficial isso pode parecer loucura, na visão reencarnacionista são lembranças!

Todavia, esses espíritos equivocados, em vias de arrependimento, não se encontravam entregues à própria sorte, mas acompanhados de uma abnegada Benfeitora que lhes dava assistência.

> ... uma mulher de cor negra, lembrando o tipo das antigas escravas africanas, ao tempo do Império, sorridente

> e simpática, deixando entrever certa luminosidade no seu envoltório perispirítico, parecia 'cozinhar' para os 'habitantes locais'. Sentimos o aroma apetitoso da comida. (...) Esse local era agradável pela presença da negra, em quem, com efeito, reconhecemos Espírito operoso pelos labores de vigilância a favor dos delinquentes confiados à sua guarda... (Pereira, Yvonne A., *Devassando o invisível*, FEB, 1987, p. 91)

Pode causar estranheza para quem não estuda o Espiritismo a questão da alimentação. Como André Luiz explica no capítulo um e dois de *Nosso Lar*, as necessidades fisiológicas persistem. São nossos condicionamentos e a necessidade de acordo com a evolução do Espírito.

Na sequência da narrativa, Yvonne Pereira dispõe-se a levar alimento para um dos transgressores, mas em vão, porque a sua consciência de culpa transformava os legumes em carnes humanas, as carnes de suas vítimas! Descreve Yvonne Pereira que quando o homem pegou o prato de comida e levou a colher a boca,

> ... subitamente, (...) repudiou o prato com asco e horror, arremessando-o ao longe, e entrou a chorar e a lamentar-se entre uivos e imprecações de verdadeiro réprobo. Sem nos poder eximir a uma forte impressão de assombro, verificamos que os apetitosos legumes haviam desaparecido do prato, mas que, em seu lugar, espalhados em torno, viam-se postas de carne humana, línguas, mãos, dedos, orelhas, corações, pés, cabeças, etc.! (Pereira, Yvonne A., *Devassando o invisível*, FEB, 1987, p. 93)

Em seguida, narra a Benfeitora, que vem em socorro de Yvonne Pereira e explica:

> São as recordações do caliginoso passado, alimentadas por cruciantes remorsos, que os levam a encontrar vestígios de suas vítimas onde quer que estejam e em tudo o que vêem e fazem, sob a intensidade da auto-sugestão, que já descambou para uma desconcertante auto-obsessão.

Após a elucidação da Benfeitora, Yvonne do Amaral Pereira esclarece sobre o ambiente espiritual em que vivem os criminosos e o que eles fizeram no passado.

> Todo o ambiente que distingues aqui, minha irmã, excetuando-se a cozinha, é criação mental vibratória destes dez criminosos, cujo caráter começa a ser desafogado das ondas da perversão, através das dores do remorso! Não existe aqui cemitério nem prisão, como não há imundícies, na expressão formal do termo, tal como os entendem os encarnados. Eles, porém, criam e mantêm tal ambientação, concretizando-a, sem o saberem, com as próprias forças mentais, na retrospecção de atos passados, e vivem nela, dentro da mais positiva realidade, sem mesmo saberem avaliar a profundidade e importância do fenômeno que se estabelece. A própria fome que os tortura nada mais representa do que o estado de suas consciências feridas pelos atos passados: estes pobres sofredores de hoje, quando encarnados, assassinaram pais de família para roubar, e, como obsessores, uma vez desencarnados, levaram outros tantos ao suicídio,

ao homicídio, etc. Ora, muitas das suas vítimas deixaram viúvas e órfãos na miséria, padecendo necessidades extremas. Eles sabem disso, e, recordando os órfãos famintos, sentem o reflexo consciencial e padecem mil torturas e ultrajes, a fome inclusive, enquanto vêem, em visões macabras, os despojos que suas armas assassinas levaram ao túmulo. (...) A si próprios castigam, pois, com uma severidade satânica, uma justiça implacável! Porque foram obsessores, habituados a criarem sugestões infernais para atormentarem o próximo, viciaram a própria mente em criações macabras e agora obsidiam a si próprios, originando, com toda a força mental própria do Espírito, este tétrico panorama, resultado do reflexo dos atos passados nas próprias vibrações da consciência. Enredaram-se de tal forma nos delitos cometidos que agora vêem, sentem e como que descobrem tudo quanto possa evocá-los e revivê-los! Não! Ninguém os castiga a não ser a consciência deles mesmos, desarmonizada com o Bem, na desoladora convicção, em que estão, de que muito e muito transgrediram as leis do Amor e da Fraternidade! (Pereira, Yvonne A., *Devassando o invisível*, FEB, 1987, p. 94)

Tratamento

A grande terapia transformadora é a reencarnação em que o passado temporariamente é esquecido, para que o infrator possa se recompor. Ao reencarnar, o sujeito recebe novo corpo nas condições que ele precisa para superar as fixações mentais, passa pelo processo de socialização primária, recebido da família, depois pelo processo secundário, da escola e da sociedade, recebendo valores da cultura. As necessidades fisiológicas, afetivas e sociais vão conduzi-lo ao trabalho e aos estudos para atender a tais exigências. Finaliza a Benfeitora:

> A reencarnação ser-lhes-á refrigério salutar, dado que, por ela protegidos, esquecerão, parcialmente, o tenebroso passado, daí advindo vigores novos e serenidade para os empreendimentos da expiação e do resgate. Mas, certamente, compreenderás em que estado lamentável renascerão sobre a Terra, modelando um corpo carnal aos empuxões vibratórios das mentes doentias que presencias. (...) Serão, inevitavelmente, auto-obsidiados incuráveis, desde o nascimento, pois, tanto atormentaram o próximo no pretérito, conforme dissemos, com o produto maléfico das próprias mentes, que o malefício, viciando-as, reduziu ao que vês as suas individualidades... (Pereira, Yvonne A., *Devassando o invisível*, FEB, 1987, p. 95)

08. Homicida e suicida

Livro: *Missionários da Luz*

Recorte textual situacional:

Família: viúva, 3 filhos, um casal de idosos e 6 desencarnados participavam da refeição. As primas Etelvina e Ester, personagens da obra, procuraram a ajuda do Benfeitor espiritual Alexandre por causa da aflição que Ester vivia devido à desencarnação do marido. Ambas, encarnadas, saíram do corpo em desdobramento, pelo sono natural, e foram ao encontro do Benfeitor.

Ester estava casada com Raul há 12 anos, eles tinham três filhos, e de forma inexplicada o marido fora assassinado, pensava ela. Os policiais e populares acreditavam que ele tinha se suicidado, a esposa negava, uma vez que ele não tinha motivos para tal, no entanto, essa dúvida a perturbava.

A família enfrentava problemas financeiros com a falta de Raul, o suporte financeiro da casa. Ester dispunha-se a procurar emprego, todavia, precisava saber algo sobre a morte do marido para continuar sua vida. O Benfeitor propôs-se a apurar o paradeiro do desencarnado, conseguindo informações de que Raul havia se suicidado. Alexandre e André Luiz localizaram Raul e o levaram a uma "casa espiritual de socorro urgente", na

Crosta Terrestre. Após ser socorrido, ele narrou sua história ao Benfeitor para que pudesse ser ajudado. Conta Raul:

> Na mocidade, viera do interior para a cidade grande, atendendo ao convite de Noé, seu camarada de infância. Companheiro devotado e sincero, esse amigo apresentara-o, certa vez, à noiva querida, com quem esperava tecer, no futuro, o ninho de ventura doméstica. Ai! Desde o dia, porém, que vira Ester pela primeira vez, nunca mais pôde esquecê-la. Personificava a jovem o que ele, Raul, reputava como seu mais alto ideal para o matrimônio feliz. (...) Como, porém, fazer-lhe sentir o afeto imenso? Noé, o bom companheiro do passado, tornara-se-lhe o empecilho que precisava remover. Ester seria incapaz de traição ao compromisso assumido. (...) Foi então que lhe nasceu no cérebro a tenebrosa idéia de um crime. Eliminaria o rival. Não cederia sua felicidade a ninguém. (Xavier, Francisco C., André Luiz, *Missionários da luz*, p. 179)

Raul mostrava-se extremamente egoísta, pensando somente em si mesmo, nem sabia se seria correspondido pela moça, contudo, traçou um plano para aliciá-la. Ao mesmo tempo, revelava inclinação criminosa e fria, considerando que o alvo de sua insânia fosse um amigo. Os germes da auto-obsessão nasceria do crime que lhe daria como herança a culpa.

Segue o relato do plano assassino:

> Mas como efetuar o plano sem complicações com a Justiça? (...) E encontrou uma fórmula sutil para a eliminação do companheiro dedicado e fiel. Ele, Raul,

> passou a usar conhecido e terrível veneno em pequeninas doses, aumentando-as vagarosamente até habituar o organismo com quantidades que para outrem seriam fulminantes. Atingido o padrão de resistência, convidou o companheiro para um jantar e propinou-lhe o veneno odioso em vinho agradável que ele próprio bebeu, sem perigo algum. Noé, porém, desaparecera em poucas horas, passando por suicida à apreciação geral. Guardou ele, para sempre, o segredo terrível, e, depois de cortejar gentilmente a noiva chorosa, conseguiu impor-lhe simpatia, que culminou em casamento. (Xavier, Francisco C., André Luiz, *Missionários da luz*, p. 180)

Raul, ao considerar que havia praticado o crime perfeito, pensou estar livre de inquérito policial ou dos olhares alheios acusadores. Mas, como advertira Paulo de Tarso "... estamos rodeados de uma tão grande nuvem de testemunhas..." (Dias, Haroldo D., *O novo testamento*, FEB, Hb, 12:1, 2015), ele não passou despercebido. Além das testemunhas invisíveis, Raul esqueceu do principal espectador: ele mesmo! A ciência do ato por ele praticado é que marcariam a sua mente, levando-o a um estado de culpa que provocaria a auto-obsessão. Em seguida ao crime, surge a vítima para tirar satisfação e iniciar a desforra. Lembramos que nem toda vítima torna-se um obsessor, isso depende do nível evolutivo do envolvido. Todavia, no caso em estudo foi o que aconteceu. A culpa pelo homicídio estabeleceu a sintonia psíquica com o ofendido, o obsessor.

> Nas mais íntimas cenas do lar, via Noé, através da tela mental, exprobrando-lhe o procedimento. Os beijos da esposa e as carícias dos filhos não conseguiam afastar a visão implacável. Ao invés de decrescerem, seus re-

> morsos aumentavam sempre. No trabalho, na leitura, na mesa de refeições, na alcova conjugal, permanecia a vítima a contemplá-lo em silêncio. (Xavier, Francisco C., André Luiz, *Missionários da luz*, p. 180)

O aumento do tormento pessoal é uma mescla entre o cerco da obsessão espiritual e o autojulgamento incrementando a culpa. A fixação mental no crime, no entanto, não liberou Raul para prosseguir adiante.

Enquanto Raul desfrutava de consciência correta, sem crime, imaginava possível cometer o delito e realizar "seu mais alto ideal", desposar Ester. Contudo, depois do assassinato, com a mente em culpa, não desfrutava mais do seu ideal, não tinha forças para sepultar no esquecimento a infração e ser feliz. A mesma consciência que desejou ardentemente um amor ilícito não suportou desfrutar do amor com culpa. A consciência em desalinho de Raul pedia reparação para poder voltar à consciência de paz. Por isso, "... a certa altura do destino, quis entregar-se à justiça do mundo, confessando o crime hediondo; entretanto, não se sentia com o direito de perturbar o coração da companheira, nem deveria encher de lodo o futuro dos filhinhos." (Xavier, Francisco C., André Luiz, *Missionários da luz*, p. 181) Estava instalado na mente de Raul o conflito: ao se entregar à polícia se livraria da consciência de culpa, mas por outro lado a confissão, propriamente dita, traria desonra à família. O texto não fala a respeito de sua imagem pessoal, no entanto, esta última hipótese mostraria o lado oposto de um vencedor – o de um perdedor.

A esta altura dos acontecimentos, Raul não suportava mais a perturbação em que se encontrava, pois a auto-obsessão levava-o ao desequilíbrio de tanto pensar no crime cometido: "... achava-se esgotado, ao fim de prolongada resistência espiritual. Receava a perturbação, o hospício, o aniquilamento, fugindo à confissão do crime que, cada dia, se tornava mais iminente." (Xavier, Francisco C., André Luiz, *Missionários da luz*, p. 181)

E na sequência, ainda em *Missionários da Luz,* lê-se que foi assim que Raul, mediante esse drama tempestuoso, articulou o seu suicídio, simulando tratar-se de assassinato.

> ... A essa altura, a idéia do suicídio tomou vulto em seu cérebro atormentado. Não resistiu por mais tempo. Esconderia o último ato do seu drama silencioso, como ocultara a tragédia primeira. Comprou um revólver e esperou. Certo dia, após o trabalho diário, absteve-se do caminho de volta ao lar e empunhou a arma contra o próprio coração, agindo cautelosamente para evitar as marcas digitais. Atingido o alvo, num supremo esforço desfizera-se do revólver homicida e não teve a atenção voltada senão para o intraduzível padecimento do tórax estrangulado...

E considerando que Ester, a esposa de Raul, estava desesperada para receber notícias do marido, desejando muito saber se ele tinha cometido suicídio ou desencarnado de outra forma, o Benfeitor Alexandre promoveu o encontro de ambos na vida espiritual. Ao reencontrar o marido, convalescente, em dado momento da conversa Ester perguntou o que havia acontecido. Raul, orientado pela Benfeitora Alexandra, respondeu:

> Ester, os processos da Justiça Divina não se encontram ao dispor de nossa apreciação (...). Guarda contigo a certeza de que estamos sendo instruídos todos os dias e em todos os acontecimentos. (...) Aprende a procurar, antes de tudo (...) a vontade de Deus... (Xavier, Francisco C., André Luiz, *Missionários da luz*, p. 188)

Após esse encontro a pobre viúva pôde recompor sua vida, cuidar da família e arrumar um emprego.

Tratamento

André Luiz interroga o Benfeitor Alexandre sobre a recuperação de Raul, obtendo a seguinte resposta:

> E a região ferida? Raul experimentará semelhantes padecimentos até quando? – Talvez por muitos anos – respondeu o instrutor, em tom grave. – Isso, porém, não o impedirá de trabalhar intensamente no campo da consciência, esforçando-se pela reaproximação da bendita oportunidade regeneradora. (Xavier, Francisco C., André Luiz, *Missionários da luz*, p. 189)

Nesse caso, quatro situações levaram Raul ao desequilíbrio:

1. A ambição de possuir Ester
2. O crime
3. A culpa
4. A auto-obsessão

Por essa razão, perdeu a polivalência e ficou detido na fixação mental da culpa. Alexandre propõe, como forma de tratamento, trabalhar a consciência, por isso, nos valemos de um texto de Joanna de Ângelis em *Momentos de Consciência* para refletirmos a questão da consciência: "A conquista lúcida da consciência abre espaços para o entendimento das leis que regem a vida, facultando o progresso do ser, que se entrega à tarefa de educação pessoal e, por conseqüência, da sociedade na qual se encontra situado." (Franco, Divaldo P., 1992, p. 67)

A elucidação da Benfeitora remete à importância do conhecimento das leis da vida que possibilitam saber que a vida não é um jogo de sorte ou azar, mas regida por leis sábias. Com o tempo, Raul certamente vai se cientificar do ensinamento de Jesus que *instrui*: "Tratai todos os homens como quereríeis que eles vos tratassem." (Dias, Haroldo D., *O novo testamento.* FEB. Lucas VI:31. 2015)

09 - Profilaxia

Os textos apreciados até aqui versaram sobre a causa, os desdobramentos e as propostas de tratamento da auto-obsessão. Neste capítulo vamos tratar da profilaxia a fim de que não venhamos a nos equivocar nesse campo.

Entre muitas abordagens, escolhemos 3 textos de Joanna de Ângelis que nos convidam a sermos protagonistas na prevenção da auto-obsessão.

Como foi estudado ao longo deste livro, a culpa e o remorso são tormentos prenunciadores da auto-obsessão que podem ser desencadeados por crimes e erros graves. Assim, a Benfeitora Joanna de Ângelis propõe na obra *O Ser Consciente*

> ... como terapia preventiva a qualquer distúrbio neurótico, a auto-análise frequente, com o exame de consciência correspondente, desidentificando-se das matrizes perturbadoras do passado, e abrindo-se às realizações de enobrecimento no presente, com os anseios da conquista tranquila do futuro. (Franco, Divaldo P., 1993, p. 61)

Em contrapartida, a autoanálise permite ao indivíduo investigar aspectos pessoais que facilitam as quedas na culpa, como o melindre, o orgulho, o egocentrismo, a ruminação de ideias... Desse modo, diante de uma discussão, decepção, perda etc., o indivíduo ou envereda para a autoflagelação, a autoculpa, o autojulgamento impiedoso, ou cessa esse mecanismo neurótico, recompondo-se. Em seguida, elabora o que aconteceu e enfrenta a situação com maturidade e discernimento. É preciso estar ciente de que precisa vencer os seus conflitos com esforço e persistência.

De acordo com o texto de Joanna de Ângelis, trata-se da desidentificação das "matrizes perturbadoras", o que significa se desligar das lembranças ou dos arquivos mentais doentios descerrando caminhos para experiências edificantes. Esta atitude perante os enfrentamentos da vida permite "pensar com retidão e viver em paz consigo mesmo, representam o mais equilibrado e expressivo caráter psicológico de criatura portadora de saúde mental." (Franco, Divaldo P., *O ser consciente*, 1993, p. 61)

A paz interna advém de uma mente tranquila, coerente, ética, construtiva, confiante, esperançosa, alegre, diferente de uma mente tumultuada, culpada, angustiada, apreensiva, sem esperança, raivosa...

O estado em que se encontra nossa personalidade, equilibrada ou desequilibrada, saudável ou doente, lúcida ou confusa, sociável ou insociável são as consequências de nossas experiências e realizações pessoais e interpessoais ao longo da evolução.

Antes de atingirmos o *reino hominal*, os instintos eram nossos guias infalíveis ante uma inteligência-fragmentária na jornada evolutiva. Ao superarmos o *reino animal*, entramos em novo estágio evolutivo.

> Incorporando a responsabilidade, a consciência vibra desperta e, pela consciência desperta, os princípios de ação e reação funcionam, exatos, dentro do próprio ser, assegurando-se a liberdade de escolha e impondo-lhe, mecanicamente os resultados respectivos, tanto na esfera física quanto no Mundo Espiritual. (Xavier, Francisco C., *Evolução em dois mundos*, 1993, p. 101)

Hoje o homem caminha por si mesmo com a consciência desperta, responde por suas escolhas e consequências. Crê estar só, mas não está só, ou seja, é responsável em última instância por suas escolhas, mas recebe a ajuda dos seus pares, da cultura, da sociedade, dos mentores espirituais.

Em *Autodescobrimento,* Joanna de Ângelis (Franco, Divaldo P., 1995, p. 98) adverte quanto à responsabilidade individual para tais conquistas.

> ... quem deseje a paz e anele pela saúde, pelo equilíbrio, pelo sucesso, não cesse de auto-induzir-se, cultivando os pensamentos vitalizadores das aspirações até anular aqueles que se encontram nos arquivos do subconsciente, que passará a exteriorizar-se com os conteúdos correspondentes da atualidade, das novas fixações psíquicas e emocionais.

Sejam quais forem as situações, altos e baixos, saúde ou doença, vitória ou fracasso, temos o compromisso de nos autoinduzir para a melhoria pessoal e desfazer os lixos mentais que guardamos e que obstam nosso progresso.

A proposta da profilaxia da auto-obsessão exige medidas e atitudes diante da existência – enfrentar as sombras internas sem prorrogar – não tem escapatória. Aprender e a se exercitar perseverantemente na conquista da paz e do equilíbrio oriundos de um crescimento interior, sem artifícios superficiais de consumo e drogas. Com isso "(...) a conduta de cada ser está programando o seu futuro, que se transforma em fenômeno cármico individual, grupal ou familiar e coletivo de cidades e nações...." (Divaldo, Franco P., Joanna de Ângelis, *Dias gloriosos*, 1995, p. 193).

Referência Bibliográfica

ANDRÉA, Jorge. *Enfoque científico na doutrina espírita*. Ed. SAMOS, 1987.

------------. *Psiquismo fonte da vida*. EDICEL, 1995.

------------. *Segredos do espírito*. EDICEL, 1999.

ASSOCIAÇÃO BRASILEIRA DE AUTISMO, *Cartilha direitos das pessoas com autismo*.

DIAS, Haroldo D. *O novo testamento*. FEB, 2015.

Dicionário Houaiss: sinônimos e antônimos, Publifolha, 2008.

FRANCO, Divaldo P. Pelo Espírito Joanna de Ângelis. *Autodescobrimento*. LEAL, 1995.

------------. Pelo Espírito Joanna de Ângelis. *Dias gloriosos*. LEAL, 1999.

------------. Pelo Espírito Manoel P. de Miranda. *Loucura e obsessão*. FEB, 1998.

-------------.Pelo Espírito Joanna de Ângelis. *Momentos de consciência*. LEAL, 1992.

------------. Pelo Espírito Manoel P. de Miranda. *Nas fronteiras da loucura*. LEAL, 2001.

------------. pelo Espírito Manoel P. de Miranda. *Nos bastidores da obsessão*. FEB, 1997.

------------. Pelo Espírito Joanna de Ângelis. *O despertar do espírito*. LEAL, 2000.

-------------. Pelo Espírito Joanna de Ângelis. *O ser consciente*. LEAL, 1993.

------------. Pelo Espírito Joanna de Ângelis. *Plenitude*. LEAL, 1994.

------------. Pelo Espírito Manoel P. de Miranda. *Reencontro com a vida*. LEAL, 2006.

------------. Pelo Espírito Manoel. P. de Miranda. *Sementeira da fraternidade*. LEAL, 1980.

------------. Pelo Espírito Manoel P. de Miranda. *Temas da vida e da morte*, FEB, 2011.

------------. Pelo Espírito Manoel P. de Miranda, *Tramas do destino*. FEB, 1993.

------------. Pelo Espírito Manoel P. de Miranda. *Trilhas da libertação*. FEB, 1996.

------------. Pelo Espírito Joanna de Ângelis. *Vida*: desafios e soluções. LEAL, 1997.

KARDEC, Allan. *A gênese*. LAKE, 2005.

------------. *Obras póstumas*. Trad. João Teixeira de Paula. LAKE, 2005.

------------. *O céu e o inferno*. Trad. José Herculano Pires e J.T. de Paula. LAKE, 2013.

------------. *O evangelho segundo o espiritismo*. Trad. J. H. Pires. LAKE, 2013.

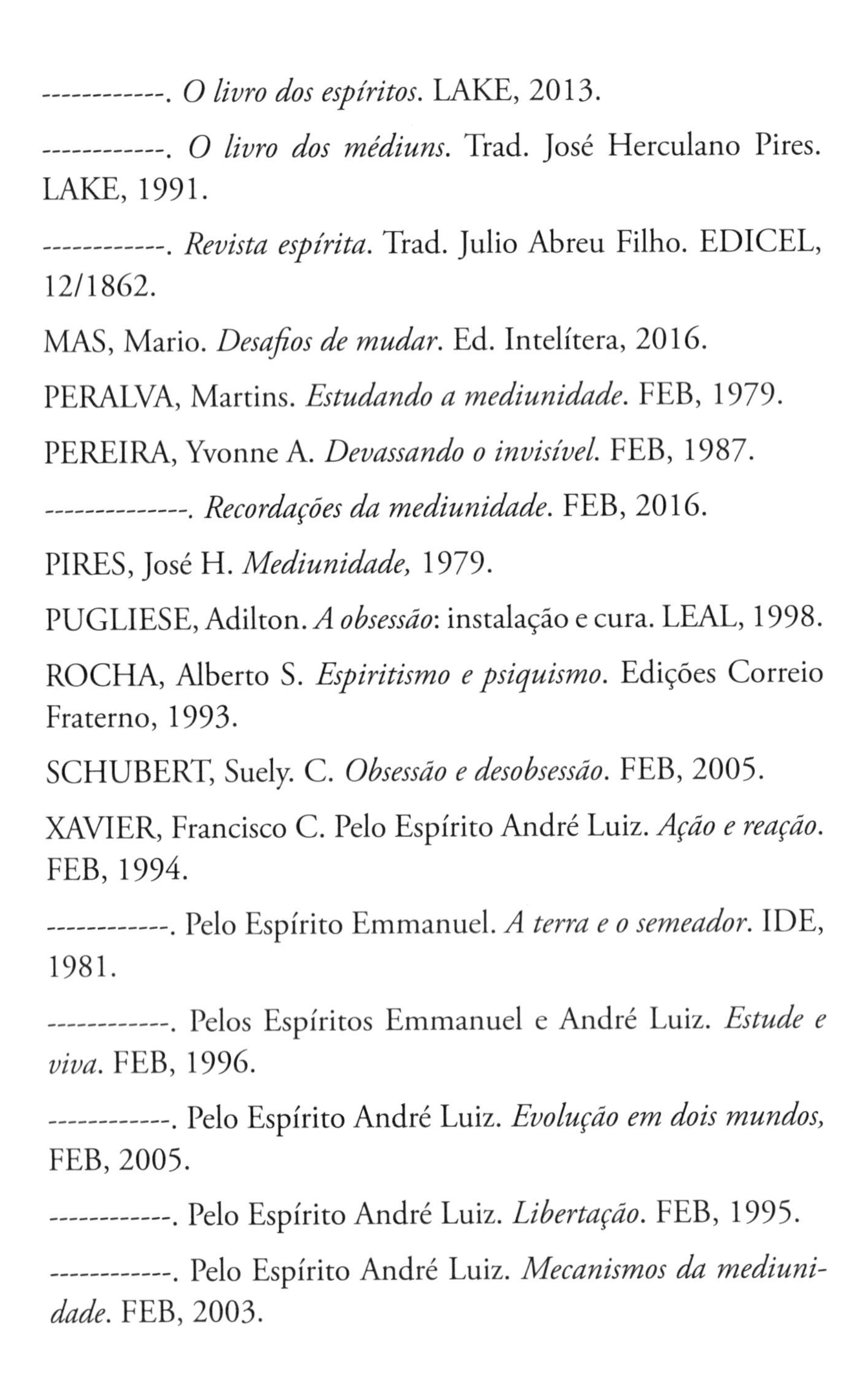

------------. *O livro dos espíritos*. LAKE, 2013.

------------. *O livro dos médiuns*. Trad. José Herculano Pires. LAKE, 1991.

------------. *Revista espírita*. Trad. Julio Abreu Filho. EDICEL, 12/1862.

MAS, Mario. *Desafios de mudar*. Ed. Intelítera, 2016.

PERALVA, Martins. *Estudando a mediunidade*. FEB, 1979.

PEREIRA, Yvonne A. *Devassando o invisível*. FEB, 1987.

--------------. *Recordações da mediunidade*. FEB, 2016.

PIRES, José H. *Mediunidade,* 1979.

PUGLIESE, Adilton. *A obsessão*: instalação e cura. LEAL, 1998.

ROCHA, Alberto S. *Espiritismo e psiquismo*. Edições Correio Fraterno, 1993.

SCHUBERT, Suely. C. *Obsessão e desobsessão*. FEB, 2005.

XAVIER, Francisco C. Pelo Espírito André Luiz. *Ação e reação*. FEB, 1994.

------------. Pelo Espírito Emmanuel. *A terra e o semeador*. IDE, 1981.

------------. Pelos Espíritos Emmanuel e André Luiz. *Estude e viva*. FEB, 1996.

------------. Pelo Espírito André Luiz. *Evolução em dois mundos,* FEB, 2005.

------------. Pelo Espírito André Luiz. *Libertação*. FEB, 1995.

------------. Pelo Espírito André Luiz. *Mecanismos da mediunidade*. FEB, 2003.

------------. Pelo Espírito Emmanuel. *Mediunidade e sintonia.* CEU, 1986.

------------. Pelo Espírito André Luiz. *Missionários da luz.* FEB, 2004.

------------. Pelo Espírito André Luiz. *Nos domínios da mediunidade,* 1995.

------------. Pelo Espírito André Luiz. *Os mensageiros,* 41ª ed. FEB, 2004.

DIREITOS DE EDIÇÃO

EBM EDITORA
Rua Doutor Albuquerque Lins, 152
Centro - Santo André - SP
CEP: 09010-010

CONTATO COMERCIAL

(11) 2866-6000
ebm@ebmeditora.com.br
www.ebmeditora.com.br

 facebook.com/ebmeditora

Dados Internacionais de Catalogação na Publicação (CIP)
(Câmara Brasileira do Livro, SP, Brasil)

Mas, Mario
Auto-obsessão : quando fazemos mal a nós mesmos / Mario Mas. -- 1. ed. -- Santo André, SP : EBM Editora, 2019.

Bibliografia.
ISBN 978-85-64118-65-2

1. Comportamento (Psicologia) 2. Desequilíbrio (Psicologia) 3. Obsessão (Espiritismo) 4. Psicopatologia 5. Transtornos de conduta I. Título.

19-24205 CDD-133.9

Índices para catálogo sistemático:

1. Obsessão espiritual : Doutrina espírita 133.9

Maria Paula C. Riyuzo - Bibliotecária - CRB-8/7639

TÍTULO:	Auto-obsessão: quando fazemos mal a nós mesmos
AUTOR:	Mario Mas
EDIÇÃO:	1ª
REIMPRESSÃO	2ª
EDITORA:	EBM Editora
ISBN:	978-85-64118-65-2
PÁGINAS:	160
EDITOR:	Manu Mira Rama
COEDITOR:	Miguel de Jesus Sardano
CONSELHO EDITORIAL	Alex Sandro Pereira - Tiago Kamei
CAPA:	Ricardo Brito - Estúdio Design do Livro
IMAGEM CAPA	iStockphoto.com/Victor_Tongdee
REVISÃO:	Rosemarie Giudilli
DIAGRAMAÇÃO:	Tiago Minoru Kamei
PAPEL MIOLO:	Offset 90g - 1x1 cores
PAPEL CAPA:	Ningdo Star 250g - 4x1 cores (pantone 188U)
GRÁFICA:	Rettec Artes Gráficas
TIRAGEM:	1.000 exemplates